A. Ortleb
Plattdütscher Pulterabend
Reden, Ansprachen und Gedichte für
Polterabend und Hochzeit

SEVERUS Verlag

Ortleb, A.: Plattdütscher Pulterabend: Reden, Ansprachen und Gedichte für Polterabend und Hochzeit. In Plattdeutsch. 2014
Neuauflage der Ausgabe von 1921
ISBN: 978-3-86347-817-9

Umschlaggestaltung: SEVERUS Verlag

Bibliografische Information der Deutschen Nationalbibliothek: Die Deutsche Nationalbibliothek verzeichnet diese Publikation in der Deutschen Nationalbibliografie; detaillierte bibliografische Daten sind im Internet über https://dnb.de abrufbar.

Der SEVERUS Verlag ist ein Imprint der Bedey & Thoms Media GmbH, Hermannstal 119k, 22119 Hamburg

---

SEVERUS Verlag, 2021
http://www.severus-verlag.de
Gedruckt in Deutschland
Der SEVERUS Verlag übernimmt keine juristische Verantwortung oder irgendeine Haftung für evtl. fehlerhafte Angaben und deren Folgen.

A. Ortleb

Plattdütscher Pulterabend
Reden, Ansprachen und Gedichte für Polterabend und Hochzeit. In Plattdeutsch

MIX
Papier aus verantwortungsvollen Quellen
Paper from responsible sources
FSC® C105338

Inhalt

Vorwort 9
1. Ansprachen und Reden für Polterabende 11
   Eine Köchin 11
   Eine Köchin 12
   Ene Worseggerin *(Wickersch)* 14
   Mädchen mit einem Stück Leinwand 15
   Ein Bauernkind 15
   Eine Kartenschlägerin *(Missingsch)* 17
   Eine Vierländerin *(Veerlännerin)* 18
   Eine Vierländerin mit Obst 19
   Ein Bauernmädchen 20
   Ein Schiffsjunge 21
   Ein Matrose oder Steuermann 22
   Scherzreim von einer Freundin, der Braut zu sagen .. 24
   Ein Bäckerlehrling 24
   Ein Schusterlehrling 25
   Ein Drechsler mit Geschenken 26
   Ein Effenlehrer 27
   Eine alte Frau mit Pantoffel 28
   Till Eulenspiegel 29
   Ein Nachtwächter 31
   Bei Überreichung des Brautschleiers 32
   Ansprache bei Überreichung des Brautkranzes 33
   Ein Quartiersmann 34
   Ein Droschkenkutscher 35

Bi Äwereikung van een Schnuffdauk 36
Een Schnirermamsell 37
Bei Überreichung einer Haube 39
Ein Bauernmädchen mit Geschenk 39
Ein slowakischer Mausefallenhändler 41
Ein norddeutscher Jude in seinem Jargon 42
Ein Musikant mit einer Geige 44
De Seepenseeder 45
Die Mutter der Braut 47
Händler mit Besen, Klammern und hölzernen Löffeln 48
Een Verköperin von Pöttergeschirr 49
Eine Bäurin mit Lebensmitteln in einer Trage 51
Vatter un Maurer met Kind un Kegel 53
Eene olle Jumfer 57
Dei Böttcherer orer Fattbinder 59
Dei Korfmaker 60
Dei Handschemaker 61
Dei Gälgeiter 61
En oll Mann 63
Krabben-Verkäufer 65
Sandverkäufer 66
Jochen Päsel junior 67
Johann, spann an 69
Schusterlehrling mit Kinderschuhen 70
Torfhändler mit Geschenk 70
Mit einer Kaffeekanne 71
Vierländerin mit Früchten 72

II. Ansprachen und Reden für Hochzeiten oder Hochzeitstafeln.. 73

Grüne Hochzeiten................................73
Dei Taukünftig 73
Dei Hochtid 74
Dat leiwe Frien 76
Hochtiedsleed 77
Eine Schwester der Braut 78
Eine Freundin der Braut....................79
Überreichung des Brautschleiers 80
Trinklied für eine Hochzeitstafel 81
Drehorgellied.....................................84
Glaube, Liebe und Hoffnung 86
Een beten Godsien 91
Ein Bräutigam zu seiner Braut am Hochzeitstage.......91
Die Schwester der Braut beim Abschied 93
Ein ähnlicher Abschied 94
Ein Kind (kleines Mädchen) (am Hochzeitsmorgen) mit Blumen 94
Ein Arbeitsmann 95
Silberne Hochzeiten 97
Lied zu einer silbernen oder goldenen Hochzeit passend 97
Eine Schwester, Freundin oder Bekannte der Braut überreicht einen silbernen Kranz....100
Zu einer Silbernen Hochzeit 100
Ein Tafellied zur silbernen Hochzeit 102
Ein Dienstmädchen auf einer Silberhochzeit 104
Goldene Hochzeit 108

Vorwort

Wie aus dem hochdeutschen Titel unsres Büchleins erkenntlich ist, soll dasselbe nicht allein ein Sammelwerk plattdeutscher Ansprachen in Prosa und Poesie zu Polterabenden und Hochzeiten für Niederdeutsche, sondern auch für Liebhaber der namentlich durch Fritz Reuter zu hohem Ansehen gelangten plattdeutschen Sprache sein. Da wir für diesen Zweck eine genügende Kenntnis dieser Mundart voraussetzen, so haben wir die (anfangs von uns geplante) Beigabe eines plattdeutschen Wörterverzeichnisses für überflüssig gehalten und uns darauf beschränkt, nur einzelnen, besonders schwierigen Ausdrücken oder Worten die hochdeutsche Bezeichnung in Parenthese beizufügen. Die Sitte, daß sich junge Damen und Herren vor der Hochzeit oder dem Polterabend irgendeiner lieben Freundin oder eines teuren Freundes miteinander darüber besprechen, wie sie diesen Fest- und Ehrentag dem Brautpaar durch passende Ansprachen und Geschenke recht angenehm und vergnügt machen können, ist ebenso altherkömmlich als löblich. Daß hierzu die plattdeutsche Sprache durch Ausdruck, Drolligkeit und Innigkeit besonders geeignet ist, weiß jedermann. Wird ein solcher Vortrag noch mit einem entsprechenden Kostüm und komischen Pantomimen verbunden, so wirkt er mit doppelter Stärke und steigert die heitere Festlaune bis auf den höchsten Gipfel. Die von uns zum Vortrage gewählten Ansprachen und Gedichte nehmen deshalb auch Bezug auf die hierbei darzustellenden Personen und Stände, nach denen die Trachten und die zu überreichenden Geschenke zu bemessen sind. Letztere werden übrigens jetzt häufig der Braut mit einer Visitenkarte zugeschickt, so daß eine Überreichung derselben am Polterabend überflüssig wird. Beides liegt in dem Belieben eines jeden oder richtet sich nach den lokalen Verhältnissen und Gepflogenheiten. Die Hauptfeier bei einer jeden Hochzeit bildet stets der ihr vorausgehende Polterabend, denn der Trauungstag entzieht ja das Brautpaar den geladenen Gästen durch die Trauung und durch die Hochzeitsreise. Es kommt also darauf an, den Polterabend besonders heiter und festlich zu gestalten, wozu die von uns in diesem Büchlein ausgewählten und übersichtlich zusammengestellten Vorträge dienen mögen. Daß die Namen ihrer Verfasser oder die Werke, denen sie entnommen worden sind, nicht angeführt wurden, hat seine Begründung in der Natur eines Sammelwerkes, das über den Ursprung vieler seiner Artikel keinen Aufschluß zu geben vermag.

A. Ortleb

1. Ansprachen und Vorträge für Polterabende[1]

Eine Köchin

(Ein Kochbuch oder einige Küchengerätschaften in der Kleidung einer Köchin, mit vorgebundener weißer Schürze überreichend)

Jun (guten) Dag, jun Dag, kenn´n Se mich noch Karlinen,
Ick diente ja bi Ehre Tant mal.
(Gespreizt)
Es würd' mir freun, dürft ick bei Ihnen dienen.
D'rum wagt ick mi in dissen Saal.
Ick hew ken Runditschon up Stunn
Hier denkt ick, hew ick eene funn.
Ick gratuleere ock, Sei sin ja nu ne Brut,
Un, dat mut wohr sin, nüdlich seihn Sei ut.
Wenn Sei erlöwen, komm ick übermorgen,
Un will denn Allens glick in't Hus besorgen.
Se künnen säker sin, Se hebt keen Unkoop dahn,
Denn ick dauh mine Saken gaud verstahn,
Ick wasche un schüre un plätte datau,
Zwischen mang da wart ick de Kinder ganz gau.
So dauh ick den ganzen Dag rumracken.
Un kaken kann Sei und backen,
Det Water lopt in'n Mund tausamen,
Wenn min Gericht taun Eten kamen.
Min Supp, min Beefsteak und min Fisch,
Dat is ne Zierde vor den Disch;
Von Braten segg ick gar nix nich,
Den Tod dran eten kann man sich,

---
[1] Anmerkung: Fast alle in diesem Büchlein enthaltenen Nummern gehören dem durch Fritz Reuter vertretenen Plattdeutsch an. Bei den wenigen Ausnahmen, wo dies nicht der Fall ist, ist die besondere Mundart in Klammer angegeben.

Na wat ick mak, is gaud und fin.
Ick koop ooch stets sehr billig in,
Un bin keen unverschamt Person,
Verlang ock nick to hogen Lohn.
Noch eens, Madam, ders in min Käken (Küche)
Min Brütegam mi woll besöken (besuchen)?
Hei is een Snider, een finer Mann,
Und sehr gebildet is er dann.
Ick meet, Sei wern mi dat erlöwen,
Ick hew den Jungen girn vors Lewen.
So wie Ehr (Ihr) Brütgam seiht hei ut,
Det´s ook son Finen, leiwe Brut.
Doch halt, eens möt ich doch noch seggen,

(Zum Bräutigam gewendet:)

Dauhn Sei, wie ville Männer pleggen (pflegen),
Oft rinne kommen in min Käken,
In alle Pott (Töpfe) er Näs rin stecken?
E gitt, e gitt, dat kann´k nich liden,
Dann krigten wie woll bald tau striden.
Na nee, so seihen Sei mich man nich ut,
Det lid ock nich Ehr leiwe Brut,
De steiht mi bi, un dat's man gau.
Nanu adjüs, morrn treck (ziehe) ick tau.

Eine Köchin

Hür S' ahrig to, un verstah S' mie recht,
Hew nülich ick to miene Mutter segt,
N – is frielich wiet von hier,
Ueber dat wier doch ne grote Ihr,
Vör unsern Herrn und siene Brut,
Wenn ick mie putzte recht schön herrut,
Un gink hen se to gratolieren,
Wenn se eehre Hochtiet da sieren,

Still sähr se, dat hat all manchen bedragen,
Da willen wie ihrst den Scholmeister fragen,
Meent de dat dat geiht, so magst Du't dohn
Un häst wol noch Lofs und Dank davon.
Gesegt, gedohn, wie schickten uns an,
De Scholmeister is een fründlichen Mann,
He sähr dat dat so äwel nich lett,
Wenn de Käksch us N – ook Lebensart hett,
Drum füll se sit dato man verstahn,
Un laten mie hen na N – gahn,
Aber Mütter fürcht sik immer von niegen,
Ick wür vor Angst nicks ruterkriegen,
De Scholmeister redt eehr äber driest to,
Dunn sähr se to em dat seg'n Se wol so,
In N – ist körtlich oock so passiert,
As ick von säkeren Lüden hew hürt,
Da is eene Dieren stecken bleben,
Vör wahr dat mögt ick nimmer erleben,
Marieken mackst Du Di oock sonnen Blam,
So sink ick in de Ihrde vör Scham. –
Hew ick denn hehl un ganz vergäten,
Wo ick't her hew? töben's een beten,
(Die Hand an die Stirne legend, das Nachsinnen nachahmend)
Herr Scholmeister hätt dat sälben mie segt!
Da fähr he to eehr: Se hewwen ganz recht. –
Sehn S' männig de nich bett sies kann tellen,
Nimmt sik herrut wat vörtostellen,
Un de in N – ick gläw dat fest,
Is oock son'n oll Kalfmoses man west.
Marieken is äber na kloke Dieren,
Un wat dat Cumpelment wol lieren,
Dat hägt ahr doch, denn se grient dato,
Un führ to em: dat seggen Se wol so. –
Vehl wier noch hen und her davon schnackt,

Doch hew miene Sacken toohopen ick packt,
Un mie hierher up den Weg begeben,
An mie soll Mutter nix Legs erleben. –
To ihrst sie unse Herr Gott gebeden,
Uem Freud' un Glück un hüslichen Freden,
He lenk von Se ass all Kummer un Sorgen.
Beschütze Se hüt un beschütze Se morgen,
Un mäg' bit in de spadesten Jahren
Se gegensiedige Lew bewahren.

Ene Worseggerin *(Wickersch)*

(Vorpommersche Mundart)

„Wis mi din Händken, leiwes Kind!
Ick will di dor ja nich mit brüden.
Ick mak die keinen blagen (blauen) Wind,
Will di dei Linien utdüden.

Wis her! de Teiken (Zeichen) stan ganz gaud
In dine zorte Hand;
Kiek in de Taukunft wollgemaud,
As in en glücklich Land!

Hür tau, min Schatz, un gaud uppaß!
Hier schräwen (geschrieben) steiht dat nu:
Dei hüt noch jungen Mäken was,
Wad morgen junge Fru!

Un wire steiht: den hüt ask Brud
Du leiwen deihst, up den hest bugt,
Spreckst morgen du din Jawurt ut,
Denn büst du em ja uck antrugt.

Des' Linie wisst noch välmier:
Du un din Mann sünd twei,
Un dese lütte Bögung hier
Seggt: äwer't Jor (über's Jahr) sünd't drei."

Mädchen mit einem Stück Leinwand

De Vagels hebt sungen,
In't Ohr het't mi klungen:
Uns Anna *(oder Name der Braut)* is Brut!
Dem Besten von allen,
Dem deh se gefallen,
Und bald ward se tru't.

  Hüt Abend ward'n Leben,
Ook Pütt ward dat geben!
Ick mutt sien dorbi!
Veel Glück sölt Ji finnen
Von buten un binnen! –
Un dit *(Das Geschenk überreichend)* is von mi.

  Veel kann ick nich geben,
Ji hebt jo to leben,
Un Not is ju fern.
Doch nehmt dit Stück Linnen,
Großmudder deh't spinnen
Un günt Ju dat gern.

  Von all'n schall ick gröten;
Mi konnen se möten
Hüt Abend nich mehr!
Dat Brutpaar schall leben!
Großmudder daneben!
Denn spinnt se noch mehr!

Ein Bauernkind

(Mit einem Schwarzbrot, kann auch eine Atrappe sein)

Ät Kauken geern und Leckerbäten,
Doch mehr min Swattbrot, möt Ji wäten,
Datt is das Wahre doch inn' Huus.
En good Stück Speck is dabi nödig,

Denn dat makt stark, de Glieder smödig,
Unn' Waterdrunk de giwt keen Duus.

 Ät Kauken mal un Leckerbäten
An Festdag, wenn Ji nix beters weten,
Wenn Hochtied Ji und Kinddöp siert:
Doch hier *(zeigt das Brot)* dat glöwt, ligt Gottes Segen,
Dar holt Ju an, Gesundheitswegen,
Wenn't richtig backt is, solt und süürt.

 Dar könnt Ji, kamt de armen Kinner,
Kömmt mal een Dagdew ok mit ünner,
Getrost en Stück herünner snid'n.
Un kamt ok mal de fienen Städter,
Un glöwt, ehr Brot smeck doch noch beter,
Scheneert Ju nich, legg't nich besid'n.

   (Übergibt es dem Bräutigam)

 Nimm't hin und hol dat Brot in Ehren;
Deiht Gott ok Wohlstand Ju bescheren,
Wies't mie dat Swattbrat nie torügg.
Du kannst di Leckerkram verdeenen. –
Wat nützt di Gold und Edelsteenen,
Hest du de leev Gesundheit nich? –

 Min Öllern lat noch vielmals gröten –
Und Moder halt sick bald en Söten
Hier von de lütte smucke Brut. –
Un nu adjüs! in Gottes Namen.
Sul'k später noch mal wedder kamen,
So birr ick mi'n Stück Swattbrot ut.

Eine Kartenschlägerin *(Missingsch)*

Jun Dag, min leiwes Brutpoar Du,
Kennt jü mi? – Drüben von de Eck
De alsche Kartenleggerfru,
Nu paßt mal up, wat ick Jü segg':
Ick will Ehr Schicksal Se verkünn'n,
Wenn Se mi disse Jhr (Ehre) vergünn'n,
Ick hew in minen langen Leben
Manch Eenen gaude Utkunft geben;
Doch dat mot sin, dat Se mit trut,
Dann segg ick villes Euch vorut,
All wat ick segg', dat künnt jü glöwen,
Dat künnt, jü möt man'n beten töwen.
(Zieht ein Spiel Karten aus der Tasche)

Nu kiek mal her, min leiwe Brut,
Treck (ziehe) hier nu mal drei Korten rut.
(Die Karten betrachtend)

Na, na, wie kann dat möglich sin,
Dat will ick meenen, dat is fin.
(Zeigt hierauf die erste Karte)

Hier düsse Kort wist dütlich klor,
Jü werd' en glücklich Ehepoor;
Stets werd' jü haben Fred' un Leiw,
Nu kummt des twete Korte, teuw.
(Die zweite Karte zeigend)

O kiek, Sei sünd ja schöne rut,
Denn disse Kort' wist Geld un Gut,
Nu, na, – da gratuleer ick Sei. –
Nu kümmt de letzte an de Reih.
(Die dritte Karte zeigend)

Ne, ne, dat segg ick hier gewiß nich lud,
Wat disse Kort bedüden dhut.
Soll ick et seggen? – Na, mintwegen,

Een bannig riken Kinnersegen.
Up alle Wis' sind Se god dran:
Ick weet, Se kregt een goden Mann,
Da kann dat ock nich anners sin,
Un dat dhut mi wahrhaftig frün;
Nu wisen Se mi moal Ehr Hand,
Ob ick darut wat seihen kann.

(Sie ergreift die Hand der Braut, die Linien der inneren Fläche betrachtend)

Dat is dei Lebensfaden hier,
De is ganz glatt, lang is hei siehr;
De lange Linie nebenan,
Bedütet´s Leben von Ehr'n Mann.
Na allens is ja glatt und schön,
Fast gar keen Unglück is tau sehn.
Na dat's man gaud, dat ick't so funn,
Dat früt mi recht ut Hartensgrun!
Nanu adjüs, denk bi Jug (Eurem) Glück,
Noch manchmal ock an mi torück.

Eine Vierländerin *(Veerlännerin)*

(Veerlannersch)

(Überbringt, als Gärtnerin gekleidet, dem Brautpaar ein Körbchen mit Blumen)

Dat war en sweren Gang, da künnt jü glöwen,
Ick komme hüt von *(Name eines Ortes)* her,
Ick kann´t nich helpen, möt en beten töwen,
Det velle Lopen werd mi swer.

   Ick heur, Se wull't sich beede morgen frigen,
Na, ick kenn' Se un kenn' den Mann,
Nanu kann ick ock nich mihr darto swigen:
„Wat geit denn uns de Sake an?" –

So seggen Sei. Na, schüll'n Se man en beten.
Wenn man wie ick sit lange Johr
Schon to Sei kummt mit gröne Woar',
Dhaut man sin ollen Kunden nicht vergeten.

Ick wull Sei meine besten Wünsche bringen,
Min junges Poor: ick gratuleer,
Wat Sei ock maken, dat soll Sei gelingen,
Dat wünsch' ick Sei von Harten her.

Ick weet, jü seid so gaud, et kann nich fehlen,
Un wo de Leiw is, da is ock de Fred.
Doch wat dhau ick denn hier so vel vertelen,
Dat ick noch min Geschäft verget.

Sei wern nu Husfru und Sei bruken Greunes,
Dat mut ja doch vor'n Husstand sin,
Sei weeten woll, ick bring Sei stets wat Scheunes
All mine Woar is gaud und fin.

Ick hoff, Sei wern woll an mi denken
Un darum komm ick tau Sei hüt,
Ick will Sei ein paar Blaumen schenken,
Un nu adjüs, mein leiwe Lüt!

Eine Vierländerin mit Obst

Ji seht wul all an mien blanken Kram
Dat ick ut de Veerlanden kam?
Ja, Ji sollen't in Summer mal sehn,
Denn is das allens bi uns so schön.
Blot dit Jahr, und dat is tom Schaden,
Is allens nich so recht geraten,
Und so harr ick von unsern Dingen
Nicks för dat Brutpaar mit to bringen
As disse Appeln und Beeren hier.
Awer de Beeren sünd bannig dühr,
Ja, und de Appeln sünd rar und knapp –

Düsse hier kannst du di wahren int Schapp, –
Awer wenn du mal Kinner bi di hest,
Denn verslüt man joh dat Appelnest –
Wiel ick se schenk, maak ick wieder keen Snack
Doch se sünd saftig un prächtig von Smack,
Blot düssen rotbackten will ick Ju wiesen,
Den´n mögt Ji mit Gesundheit verspiesen.
Sophie Detleffs

Ein Bauernmädchen

(Mit einer Kiepe und einem Mooskranz)

Ick gah grad tau! – un segg „Gun Abend!"
Dat's recht – hier geiht dat lustig her.
Drüm schickt mi ook tau'm Polterabend
De Vadder und de Mutter her.
„Lop Linchen!" – sä de Vadder – „ganz geschwind,
Bi .... is wat los, sin leewes Kind
Givt Hochtied – dat möt wie doch wäten,
Da bring' en Duvenpaar und ook en Hahn." –
„De Fründschaft mut man nich vergäten,
Sünst is all's ut" – füng Mutter an,
„De Kranz is morgen för de Brut,
Un för de junge Frau de Kiep,
Is de man immer voll, so hett se naug.
Un is se tru, und gönnt den Mann de Piep,
Denn gript he ümmer leever na de Plaug."
Dat is de Wies so bi uns Buernlüd.
Wenn se sick leev hewt, ohne Giez und Zwang,
So is't in Gottes Nam, wenn se sick freet,
Un't ward se't nich gereu'n ehr Leben lang. –
Ok grote Lüd könnt wat in'n Husholt bruken,
So wat is jedermann tau Hand,
Dat köft man nich in Büssen und in Kruken;

Von Harten kömm't un bruukt ward't mit Verstand –
Ick muß dat nich und kun ok so nich spräken,
Dar miene Mutter dat nich seggt –
Un glöwen's mi dat nich, dat Buernmäken,
So glöwen's dat wol Muttern, de het recht.

Ein Schiffsjunge

(Ein auf die See Bezug habendes Geschenk überreichend)

Damm'i, wie schön! Ja so wat Fin's
Hew' uk (hab´ ich) lang nich seihn, as ick hier seih.
Ick kumme derekt von Hamborg (oder von'n Hafen) her
Min Schipp liggt do an'n Sandthorkai.
Un as nu an'n Lande bin,
Da seggt min Baas tau mi: Hol wiß!
Tau *(Name des Hochzeitshauses)* na da möte hin,
Wil da hüt Pulterawend is.
Von'n ganzen Harten wünsch ick Glück!

(Zieht sein Geschenk hervor)

Ick hew' vor Sei in fremden Land
Ne lütte Klenigkeit geköpt,
Ick leg dat nu in ehre Hand.

(Das Geschenk darbietend)

Ja, ja, so'n scheunen Familienkreis,
So´n fründlich nette Hüslichkeit,
Dat is gewiß een grotes Glück,
Dorvon dei Seemann gor nicks weit.
Denn bin ick ganz alleene woll,
Wenn't Schipp durch swere See hinfleucht,
Denn trutz ick Storm un Wetter woll,
In'n Mastkorb bawen (droben) in dei Heucht (Höhe),
Un in dei gleunig heete (glühend heiße) Sonn,
In't dunkle glatte Tropenmeer,
Da möt wi sweeten (schwitzen) up dei Schipp,

Glöwt mi, dei Seemann hat dat swer.
Un buten (draußen) denk ick up dei See
An mine Lewen stets taurück.
Ick bitt ju, denkt ji of an mi,
Ick wünsch Gesondheit, Freden, Glück.

Ein Matrose oder Steuermann

(Bringt, etwas angetrunken, in Schiffertracht ein Goldfischglas, das er auf einen Tisch niedersezt)

God dämm! eben kam ick von Boord,
Gliek ritt (riß, zog) uns Maat mi mit sick foort.
Ick fall mit op dei (sin) Hochtid sien –
Har nich mal Tid un mak mi beten (bißchen) sien.
Un dat scheneert mi nu för de Damen –
Sei hew't am Enn' gar öwel nahmen?
Denn kümmt so'n Seehund endlich mal an't Land,
(Er thut, als ob er sein Geld zählt)
Un hett so'n beten in dei Kant,
So dünkt hei sick een Graw – ja woll noch gröwer,
Un meent, doa is keen Minsch em öwer.
Aus Maat hier, möt Ji weeten, is min Mann,
Hett ünner mi as Decksjung stahn.
(Er thut, als ob er ihn schlage)
Hett mennig lütten Strippen trägen –
(Die Flasche zeigend)
Dat mut ick rühm'n, hei kann ok ee'n verdrägen.
Dat hei nu ock een düchtig'n Stürmann is,
Dat dankt hei mi, un dat is gewiß.
(Nach der Braut deutend)
Denn nich ümsünst ward em so'n stolze Brigg
Glieck anvertrut – dat is een Glück!
Dat Schipp har ick ock sülwst giern nahm'n –
Schaad – weer'ck (wär ich) man'n beten fröher kam'n,

Düssen Aerger will'ck mi man verbieten,
Un les' em'n beten de Lefiten:
> *(Indem er einen barschen Ton annimmt)*

Sünd dei Seils nu richtig all' tau Hand,
Dat, wenn Ji kamt in See, se rasch sick spannt?
Dei Leew is'n fixe Brief' – un sien tau segeln –
All't Lintüch klor! dat sind Seemannsregeln.
Dei Ankers müt gesond sin, de Käden slank (gestreckt),
Dat Stürrad smeert un glatt von Gank (Gang).
Is't Rettungsboot Platz up't Deck,
Un gaud kalfatert – ohne Leck?
Is´t Senkblei un't Signalhorn tau Hand –
Kortüm – is all' ns taur Fahrt in Stand?
Dei Kumpaß mut för de Näs Ju stah'n,
Un wenn Ji denn uppaßt, so kann't gah'n.
> *(Wieder den vorigen Ton annehmend)*

So'n Reis´ is mennigmal beswerlich,
Wo Klippen sünd, ock sehr gefährlich. –
Ick denk', min Jung', Dau warst doch weeten,
Wie all' dei Klippen un Sandbänk' heeten (heißen)?
Da sünd: Eigensinn, Eifersucht, Rechthaberei,
Nachlässigkeit, Putzsucht, Keiferei.
Den gauden Seemann kennt all' dei Öwel (Übel)
Un denkt up Hülp in Storm un Newel.
Dat beste Schipp kann nich wedderstahn,
Löpt dat so'n Klipp oder Sandbank an.
Drüm markt Ji verdächtige hoge Bö,
Halt gegen den Wind up de hoge See:
Da find't Ji Platz tau manövreeren
Un gegen dei Well'n an tau laweeren.
Tru' un Glowen is dei Provijant,
Holt rieklich dorvon un gaud in stand.
Denn hett dei Mannschaft ehr orndlich Brot,
So bliwt se standhaft in Storm un Not, –

So, nu sünd Ji klareert (aufgeklärt) mit gauden Rat;
Nu makt Ju tau morn up dei Must'rung gefat.

(Der Braut das Glas zeigend)

Ick wies Di all hüt den Haben (Hafen) gar
Mit Water un mit en Wallfisch in,
Da künnt Ji denn ruhig un säker sien,
Wenn Ji fahr'n hewt Ju volle föftig Jahr;
Wenn Enkeln un Urenkeln üm Ju lacht,
Munter as Goldfisch in volle Pracht.

Scherzreim von einer Freundin, der Braut zu sagen

Petersiljen, Zoppenkruut (Suppenkraut)
Wasst in usen Garen (Garten),
Use *(Name der Braut)* dei is Brut
Schall mich lang mihr waren,
Dat se na dei Karken (Kirche) geit
Un dei Rock in Foolen (Falten) sleit.
Roen Wien, witten Wien,
Morgen schall dei Hochtid sien.

Ein Bäckerlehrling

(Einen Kuchen oder eine Torte auf einer Platte bringend)

(Beim Eintritt)

Nu hew ick't fun'n, ick hew säuken möten,
Nach Sei twei ganze Straten up un dal,
Min Meester hett mi ja terreten (zerrissen),
Hätt ick't nich fun'n düsses Mal.

(Indem er näher tritt)

Verdori, wat een smucke Brut,
Wo (wie) fien un nüdlich sieht sei ut.

(Nach einer längeren Ruhepause)

Kenn'n Sei mi gar nich – Bäckers Fritze –
Bin ja Ehr Nachbarsch ehren Sähn.
Ja, ja, in mine witte Mütze,
Da hebbt Sei mi noch gar nich sehn.
(Auf seine weiße Bäckerkleidung deutend)
Ick bin dabi een Woch'ner söß (etwa sechs Wochen),
Doch seihn S' ick bin een ganzen Klauken (Kluger),
So hew ick liernt all dit un dat:
Kann backen Semmeln, Brot und Kauken.
Den Kauken, den Sei seihen hier,
Den hew ick sülwer vör Sei baken,
Hei is so scheun un brun un schier (ansehnlich)
Un söt, as ick em man kunn maken.
Ick wünsche nur, dat Ehre Eh'
Soll söt (süß) wie düsse Kauken sin,
Un een besundres Glück vör Se,
Bedüte jegliche Rosin.
Ick gratuleer von Hartensgrund,
Sien Sei taufreden un gesund,
Gott gew Sei stets Ehr täglich Brot,
Un holl Sei fiern von alle Not.
(Indem er das Geschenk überreicht)
Nu nehmen S' dei Kauken hin taum Eten,
Ick will nu blot noch Scherben smeten.
*(Nachdem er den Kuchen hingelegt, zerbricht er den
Teller und läuft davon)*

Ein Schusterlehrling

(Überreicht ein Paar Pantoffeln)

Ick wünsch väl Glück und grüß recht fründlich
Von'n Meister un Froo Meisterin.
Wi wünscht, dat't Glück hier tonimmt stündlich,
Mit frischen Maud und frohen Sinn.

En lütt Geschenk bring ick för jeden –
Dat hett Frau Meist'rin hübsch bedacht.
De Meister hett lang gegensträden,
Ick glöw gar, spät bet in de Nacht.

He meen dörchut, en düchtig'n Buddel,
Dat weer dat passendste Geschenk.
Se aber meen, 't geew Kuddelmuddel,
So'n groten Buddel mit Gedränk.

So maken wi denn disse Tüffeln
Recht slank und blank, dat is en Pracht!
(Schwenkt sie vor dem Bräutigam)
So praktisch, wüll'n Se Em mal rüffeln, –
Herr Eh'mann, nehm' He sick in acht!

Wi hewt se makt recht dünn von Sahlen,
Un, kieken's mal, ganz ohne Naht,
Mit Kliester, dat's so swer nich fallen,
Und möglichst bald in Stücken gaht.

Nu lewen's lang un recht tofräden:
Un wenn, na fiefundwintig Jahr,
Ick wart as Meister hier opträden,
Bring' ick en sülwern Tüffelpaar.

Ein Drechsler (Dressler) mit Geschenken

(Vorpommerisch)

Wat dei Dressler dresseln will, spannt hei in dei Schruwstock un mennig mal noch mit'n Zwirl in dei Dreibank, un as sich dei Spinnel dreigen, ward hurn, Holt orer wat't is, mit't Dreigisen bearbeidt, rund dreigt ock bassig dreigt, as't sin full.

Sörrer (seitdem) dat Zigarrenroken upkamen is, warden Pipenrüre, Pipenspitzen, Schwammdosen un wat to ne Tobackspipe hürt, sellen förrert (gefordert), un doch is't Piproken väl billiger as dat Zigarrenroken.

Spinnraer warden nu ock recht wenig verlangt. Die Husfrugen, dei mit ehr Döchter süß flietig spünnen, köfften sick mennig mal noch'n Spinnrad. Jitzt äwest ward leiwest (lieber) för'n Stickrahmen orer sülwst för'n ollen Klimperkasten Geld utgäben. Hebben's noch een Spinnrad, heit't glit: bringt dei oll Kurr na'n Ban un sett's an de Sid!

Ick heff mi dordörch äwest nich tröhollen (abhalten) laten, und hef för den Brudmann ne Pip, für dei Jumfer Brud ne Haspel, Winn (Winde) un'n Spinnrad mitbröcht.

Ein Effenlehrer

(Erscheint in schwarzem Anzug, mit geschwärztem Gesicht und einem Besen in der Hand)

Verfihrn (Fürchten) 'S sick man nich tau fihr,
Lütt Kinner sünd jowoll nich hier,
Dat ick up Schosteenfegerort (Schornsteinfegerart)
Kam as een Blitz hier rinnerfohrt,
Un mak tau grugen (gruseln) noch an' Enn
Dei lütte Brut, dei ick jo kenn.
As sei (sie) noch wir (war) en lüttes Kind,
Dor wir's en echten Susewind,
Un wull sei dauhn nich, wat sei süll,
Un wenn ehr Mudding düchtig schüll (schalt),
Denn seggt dat Mäken: „Dhau dat doch
Dei Kirl krauft (kriecht) sust aus'n Abenloch (Ofenloch)
Dau kennst em jo, dei swarten Mann,
Dei di man furts mitnehmen kann."
Dann rohrt un schrigt dei lütte Dirn,
Un ded, wat sei verlangten, giern.
So bringt so'n swarten Mann as ick

Noch mihr, as Schosteins, doch tau Schick.
Un kam ick sachten ut en Eck,
Denn kriegen grote Lüd en Schreck,
Un will'n Sei, leiwe Frölen Brut,
Dat Ehr Mann fohrt eins ut dei Hut,
Un kriegt een bannig groten Schreck,
Wenn dort wat Swartes sitt in dei Eck;
Denn kam ick giern, un mak em grug'n,
Vellicht wenn hei mal anner Frug'n
Tau deip in ehre Ogen kiekt,
Ock süß mal deid, wat sick nich schickt;
Dann is tau Hand dei swarte Mann,
Dei em ock eins mitnehmen kann.

Eine alte Frau mit Pantoffel

O Lühd', mahckt mi'n bäten Platz,
Lah't mi man dörch, to de Brut un ehren Schatz!
(Zur Braut:)
So! Good'n Abend, Mamselling, de schmucke Mann
Dat is ja woll hei, de Herr Brütjam? –
(Ach! Mi ward dat fuhr so lang to stahn –
De olle Fru ward'n bäten sitzen gahn)
(Einen Stuhl herbeiziehend und darauf Platz nehmend:)
Ja, wat ick wull seggen, mi sähd man eben,
Dat mor'n Sei wulln ehre Hochtid gewen,
Un da ick in't Hus hier bin in un utgahn,
Dor hew´ck´s mi dacht un de Friheit mi nahm'n,
För Sei, leewe Brut, in de Wirtschaft wat to bringen,
Denn Vörsicht is good in allen Dingen!
Ick hew dat lang' brukt för minen leiwen Mann,
Un wil dat nich mihr to'r Anwennung kahm'n,
Bring' ick sturtsens, för di, du leiwe Brut,
Viellicht dat's dir oock mal goode Deinste thut!

Min Jochen, weit du, waas't een bitterböses Krut,
Gliek pieplings hellschen falsch un immer baben ut.
Säd ick man bloot een Wurd, gliek swull ehm de Kamm,
Na, t'het lange duhrt bit ick'n enlich hatte tamm!
Dat Mannsvolk is'n böses Tüg,
Slimmer oft als Pest un Krieg –
Un's schell´n sei de böse Säben,
Un maken's döller als de Düwel äben!
So lang sei noch de Brütjams sind,
Da heet et immer: „Leewes Kind!"
„Min Püpping, mine säute Brut!"
Doch hew'n sei uns, denn is et ut,
Denn is ihm dit un dat ni recht –
Min smeet mi mal mit'n Stäwelknecht,
Un karoljiert mi bet up's Bloot,
Un argert mi, bal wier ick dood! –
Da dacht ick, täuw, ick will mal seh'n,
Wer Herr hier is, stell' mi up de Achterbeen,
Föhr' düsen Tröster ehm to Sinn –
  (Überreicht der Braut den Pantoffel)

Dann kumm' ick ehm um'n Finger winn!
Leiwe Brut, nu weeten Sei Bescheed,
Nu will ick ook nich länger snacken –
Vergeten Sei mi nich; Glück för Juch Beed,
Un dauht im Ehestand nur luter goode Saken!

Till Eulenspiegel

(In dem bekannten mittelalterlichen Kostüm)

Min leiwe Lüt, kennt Ji mi nich? –
  (Sich kopfschüttelnd umsehend:)

So is es in dei Regel,
Sülwst wenn dei Schelm in'n Nacken sitt.
  (Eine stolze Miene annehmend:)

Ick bin Till Uhlenspegel.

   Een bann'gen Spoß soll dat hier sien,
D'rum kumm ick hüt von Möllen,
Hier giwt'ne Hochtid, äwerst fien,
As ick mi let vertellen (erzählen ließ).

   Ick bin een snackschen lust'gen Kirl,
Ja dat will ick woll meenen,
Till Uhlenspegel kennen Sei,
Dei Groten un dei Kleenen.

*(Springt empor und setzt sich mit untergeschlagenen Beinen
auf den Fußboden)*

   Da sitt ick nu. – Se hewt mi ja
Nich mal een Staul anbeden! –
Un doch hew mit Sei Beeden ick
Noch allerlei tau reden.

   Sei sünd vergneugt, – dat früt mi ock,
Humor dat is dat Beste,
In'n ganzen Lewen, öwerall
Nich blot bi düssem Feste.

   In minen langen Lewen dhät
Mi öfters wat malheuren,
Doch ick war stets vergneugt un froh,
Wat mi ock dhät passeeren.

   Keen Geld – is slimm, doch slimmer is,
Wenn dei Gesondheit nich mihr is;
Doch glöwt mi, den Humor verlier'n,
Dat dat det slimmste Pech is.

   Hüt schenken alle Lüt Sei wat,
Ock ick dhät daran denken,
Ick haw en groten Kauken (Kuchen) köpt,
Den will ick Sei nu schenken.

      (Er steht auf und überreicht den Kuchen:)

Nu kieks mal her, wie scheun un braun,
Dat mögt Sei woll giern eten?
Doch ick will mihr noch för Sei dauhn,
Ick will ock Scherben smeten!

(Zerbricht seinen Teller durch Hinwerfen)

Ein Nachtwächter

(Derselbe erscheint in einem Mantel, Spieß, Horn und eine brennende Laterne tragend)

Wat is dat hier för'n Mordspiktakel?
Allens liggt un slöppt (schläft) ganz still;
Glöw'n Sei, dat ick so'n Mirakel
Hier dulden dörff und lieden will? –
Un wenn Sei noch länger hier pulterieren,
So mut ick Sei tautam arretieren.

(Nachdem er sich umgesehen:)

Äwerst Sapperment, wie ick eben seh,
Is hier Pulterawend! Herrjemine!
Da möt man woll dorch dei Finger mal kieken,
Dat is ja een Hauptfest bie Armen un Rieken.
Doch seihen möt ick erst mal dei Brut,
Denn weeten möt ick, wie man se süht ut.

(Das Brautpaat beleuchtend:)

Ei süh' mol, dat is een smuckes Poor,
Dat möt ick in Ernst gestah'n förwahr!

(Eine Verbeugung machend:)

Ick wünsch vel Glück!
Ehr Hus will ick
Bewacken alle Nacht,
Wenn ick bin up dei Wacht.

(Zu der Gesellschaft:)

Doch nu ward' Tied,
Min leiwe Lüt,
Tau gahn tau Bett;
Das is all spät.

(Zuletzt zum Brautpaar:)

Een Nachtwächter mut up'n Pfiff sick verstahn,
Ick denk' dei Lüt muten tau Hus nu gahn.
Ick wünsch gaud' Nacht un tau'm Angedenken
Will ick Sei ock die Latirne noch schenken.

Bei Überreichung des Brautschleiers

Dau leiwe Brut, lat di den Sleuer bringen,
Dei mit den Kranz in't Hor die slungen ward,
Hei is so klor un witt, hett keenen Placken (Flecken),
Een Speigelbild van din unschüllig Hart.

So as du steihst van witte Wulk ümgewen,
Dei ock bideckt din säutes Angesicht,
So steiht verhüllt din Taukunft vör din Ogen,
Wat sei die bringen ward, dat weist dau nich.

In sine Wisheit hett dei Herr bislaten,
Dat nie een Minsch dörch düssen Schleuer kiekt,
Un keine Minschenseel dei dörwt dat weiten,
Ob hei uns Krüz, ob hei uns Freuden schickt.

Wur angst un bang würd oft dat Hart woll kloppen,
Fel van dei Taukunft mal dei Sleuer dal (nieder),
Un wenn ock luter gollen Dag wi seigen,
Un an uns' Heben (Himmel) nicks as Sünnenstrahl,

Wi künnen doch so vele Freud nich drägen,
Dat Minschenhart möt liden Smerz un Pin;
Dörch Füer irst ward Isen hart un stählern,
Dei rechte Smäd (Schmiede) kann luter Glück nich sin.

Wünsch di dat nich, dat allens uptaukloren,
Wat düster hüt vör dine Ogen liggt,
Bu (Bau) man up Gottes Leiw, up truge Minschen,
Un wes taufreden, wat dei Himmel schickt.

Ansprache bei Überreichung des Brautkranzes

(Vorpommerische Mundart)

Ja, alle Brutmanns, alle Bruten
Eer schmücken sall de Hoheitsglanz:
Wenn Leiwende dat ewige Bündnis schluten,
Slingt um de Stiern sich de Vollendungskranz.
Desen Kranz fef'k fö di wunnen,
Em to drägen, büst du wiert befunnen.
De Kranz is dat Symbol von Dugend,
Von Unschuld un von reine Jugend,
En Sinnbild von dei Ee dorbi.
Dei wes hei ja nu hüt all di,
Denn morgen sall er di ja schmücken
Un dröchst du em hei wad nich drücken.
So is't bestimmt, sast dine Ban,
Denn mit'n Mann dörcht Läben gan.
Un up allen jugen (Euren) Wägen,
Wünsch ick juch (Euch) nu Glück un Sägen.

Wat kann man eine Brut woll Schönres reiken,
As einen Twig von edlen Myrtenris.
Hei schmückt sei as de Leiw eer schönstes Teiken,
Drüm toll em uck de Brut den högsten Pris
In reinsten Gräun erglänzen sine Bläre,
Un wisen di dei Hoffnung eer schön Bild.
Wenn Taukunft düster as dat dräuwe Wäre,
Di hier de Knupp de Bläut enthüllt.
Doch dei, bi di hier mit den leiwen Blick,
Von em allein hoff du din Glück;

Hei süt dat sin erbläun in Myrtenkranz
Dei hold di schmückt in hochtidlichen Glanz.

Ein Quartiersmann

Gun Dag, gun Dag, min leiwe Lüt',
Wat het dat tau bedüden hüt,
Hier is ja all'ns so scheun un fin,
Seggt doch man blot wat dat sall sin?
O kiek, do sitt een Brutpoor dor,
Nu wird mit eens mi allens klor;
Ick kam zwarst in dei falsche Dör,
Doch dat ick hier bün früt mi sehr.
Ick gratuleer van Hartensgrund,
Die leiwe Gott holl Sei gesund,
Sei sünd jo hier so recht vergneugt,
So recht gemüdlich wi mi deucht.

(Nach einer Pause fortfahrend:)

Ja, ja, Sei sünd noch junge Lüt,
Doch ick bün ut dei olle Tid,
Un wenn noch een poor Johr vergahn,
Wird man nie mihr'n Quartiersmann sahn.
Wo sünd dei hen, so gaude Fründ,
As Madler, Piepenreimers sünd,
Wat schregen dei Kierls bannig lud,
Dat glöwst Dau gor nich, leiwe Brut.
Ja Madler mit sin brede Snut,
Dei sah wie'n stolten Ritter ut,
Wenn hei vor sin Thiater stunn
Un schreg, dat em dei Sweit dal run:

(Laut schreiend:)

„Ümmerr rrein, mine Herrschaften! ümmerr rrein!
irster Platz veer, tweiter Platz man twei Schilling.
(Mit veränderter Stimme:) Entfahmte Jung wullt Ju taurügg

un anständge Lüt ranlaten. *(Laut:)* Uemmerr rrein, mine
Herrschaften, dei Vörstellung wird gliek beginnen.

(Hierauf fährt er fort:)

Ja, ja, dei Tid is längst vorbi,
Wo man noch „Hummel, Hummel!" schrie,
Wat hed wie da een bannigen Spaß,
Wenn hei denn wedder röp: „Aas, Aas!"

(Eine Pause machend:)

Ick will nich upholln mit min Snack,
Bün gliek tau Ende mit min Sack;
Wie kam ick doch gliek tau Sei her,
Ick kam ja in dei falsche Dör.
Ick söke hier Korl Peter Fiehn,
Dat kann doch hier unmöglich sin,
Pardon, ick will nu wedder gahn,
Doch lat ick dat Paket hier stahn;
Wenn ick den Mann gefunnen hab,
Denn kumm ick wedder un hol´s ab.
Adjüs, un nochmals, leiwes Poor,
Bring minen Glückwünsch ick jü dor.

Ein Droschkenkutscher

(Erscheint mit einem Geschenk)

Na, seih'n Sei mi man nich so an,
Bün ick Sei tau gemeene?
Wat ut een Kutscher weren kann,
Dat weeten Sei alleene.

Da denken Sei Hein Bötel an,
Wi stunnen beed´ tausamen,
Nu swärmt vör düsse lütte Mann
Ganz Dütschland Für un Flammen.

Wi hebt dat swer, wi Droschkenlüt,
Is't Wedder gaud, is't slechte,
Wi sitt up unsen Kutscherbuck
Un luern up dei Gäste.

Un drinkt wi mal en lütten Sluck,
Wie daut dat nich ut'n Bösen,
Un wackelt wie up unsen Buck,
Denn heet dat: Wo kannt wesen!

Sei wundert sick, mein leiwe Lüt,
Wat hier ick woll will maken,
Worüm zu Sei ick kommen hüt: –
Ja dat sind snak'sche Sacken.

Een fremde Herr gaw dit Paket,
Ick sall dat hierher führen,
Un hei hat mi all gaud betahlt,
Vör alle dei Gebühren.

Hei seggt, ick schall dem Brutpoor hier
Den lütten Packen gewen,
Un denn seggt, let mi Krischan Dau
Dat Brutpoor kräftig lewen.
(Er schreit:) Sei lewen hoch! hoch! hoch!

Bi Äwereikung van een Schnuffdauk

(Vorpommerische Mundart)

Uck ick mücht eene Gaw di spenden,
Was uck de Gaw man ring (gering) un lütt,
Dit Dauk (Tuch), is stickt van minen Hännen,
Dat is´t wat min Hand di bütt (bietet).

Veschmad nich dese lütte Gaw,
De eene Fründin di un schenkt,
De unuphürlich (unaufhörlich) bet (bis) tum Graw
In true Leiw an di ja denkt.

Wat ick fö di man je emfunnen,
Wat still in minen Harten lewt,
Wat uns versäut´t vergane Stunnen
Heww ick in dit Dauk rinnerwäwt.

Een Blick dorup mag di versetten,
In unse Rosentid henin;
Un füllen Tränen eis (einst) dit netten,
So möten't Freudenthränen sin.

Een Schnirermamsell (Nähmädchen)

To eenen Pulterabendfest,
Dor kamen väl unladen Gäst.
Uck ick herr üm Verlof (Verlaub) woll bäden,
Da'ck (daß ich) uninladen rinnerträden;
Doch weit ick ja, ick bün bi gauden Lüden,
Emfälen wi'ck mi, ward't nich äweldüden.
Ick weit dat äwest, hier is't nödig.
To neigen (nähen), to flicken, ick bün erbödig.
Un birr (bitte), sei müchten sich bequämen,
Mi wöchentlich een mal als Schniresch (Näherin) to nämen.
Ick kann nich blot neigen, stoppen un flicken,
Aewest uck Namen in de Wäsch sticken;
Dei mack ick so sauber un fien dorin,
Madam sall säker (sicher) tofräden sin.
Drüm ick mi hier nu uck erlauw,
Un bring hier glikstens eene Prauw (Probe).
Dei Arbeid sein (sehen) sei is erhaben,
Nu wull ick man, dat Sei sei laben;
Hef´t mi äwest all vörnamen,
Blik in de anner Woch to kamen.
Twors (zwar) in eer Wirschaft is alls noch ni,
Un schint as wier´k (wär' ich) nich nörig (nötig) dorbi;
Doch dat's nich so, denn bi jitzige Tiden

Het dat Tüg (Zeug) in de Wasch gor väl to erliden.
Dei Waschers (Wäscherinnen) nämen dat gornich in acht,
Sünd man up'n eigen Vurtel bedacht;
Dat möt sich so bald ritend (zerrissen) wisen,
Denn Linnen un Damast sünd uck nich von Isen.
Dit äwest segg ick nu lising (ganz leise) de Brud,
De Waschfru het mi irst nülich vertrut,
Dei Herr wier in desen Punkt so eigen,
Wenn sine Wäsch nich nobel un reigen;
Hei deer denn gruglich schellen un schmälen,
Wenn em een Knöpken, een Bändken süll fälen;
Doch is dat ganz na sine Mäg (Wunsch),
Wisst hei dei leibenswürdigst Höd (Freude, Lust).
Nu leiw Brud entschluten's sick bald un fri,
Bestellen sei fö jeerer Woch denn mi.
Een Dag ward gnäugen tum Flicken un Nein
Uem sämtlich Waschtüg ierst natosein (nachzuseh'n).
Drum batern's de Wäsch man ondlich so ut,
Denn höllt sick Unfräden in sinen Verschlut;
Dei Eeherr ward sick denn bemäun (bemühen)
Dat sorgsam Wiwken (Weibchen) to erfreun.
Sei deit ja uck alls, wat man to erdragen
Un nardens (nirgends) findt sei dor Dadel un Klagen.
Hei freugt sick, nich dat er en Wiwken sick nämen,
Sonnern wat hei fö en Wiwken bekämen.
Dei so fö Mann un Husholt sich schickt,
Un sinen Harten so beglückt,
So hem's, wat Leiw un Fräur vermag,
Een glücklich Hüt in jeden Dag.
Wo Leiw un Fräden so tosamen,
Ward uck de Segen von'n Himmel kamen.
Denn schwinden so fröhlich de Joren dorhen,
Un dorbi denkt trö mal, un denkt an mi denn.

Bei Überreichung einer Haube
(Vorpommerisch)

Min leiw Fräulein! dor Sei sick verfrigen,
Dor hef ick uck nich lange söcht,
Wat sü'ck hervör uck krigen?
Ick hef hier gliek ne Huw (Haube) mitbröcht.

De Huw de wisst von Oellers her de Würr (Würde)
Von de Husfru in eere Hüslichkeit all an.
Doch mit de Huw kümmt ück de Bürr (Bürde)
Wil dat nich anners wäsen kann.

En jerrer Ding het all twei Siden,
Sülwst in den Eestand drücken dor,
Woll Kummer mal un anner Liden,
Dei maken't Hart von Weimaud schwor.

Hier mit de Huw wad di soglik
De Sinn fö Hüslichkeit hendan;
Un so an innern Fräden rik,
Gah ane Sorgen dine Ban.

Läw glücklich un in Fräden,
Den di uns God beschert;
Hest alls den gaud besträden,
Un di denn uck beweert.

Mag glücklich di de Tid verschwinden!
To'r sülwern Hochtid wünsch'k all di:
Dat'w denn uns glücklich werrer finnen,
Nu läwt recht woll, un denkt denn uck an mi!

Ein Bauernmädchen mit Geschenk

Ick bün een lütte Burdiern,
Un dat is ja min Smuck,
Ick hür dei Annern gratuliern,
Un dorüm da ickt uck.

Min Moder schöw mit ut dei Dör:
Gah, büst ja nich van Stro!
Un wat dei Annern maken vör
Dat deist du ebenso!

Ach ja, dei Annern sprichen man,
Dei sünd so fin un klauk,
Ick spräk wat üm dat Hart mi man,
Sei spräken as'n Bauk.

Dor sü! dei Brud, dei kiekt so gaud
Ehr Schatz, dei lacht so froh.
Dor kreeg dei dümmste Diern ja Maub,
Ick krig dat ebenso!

All Annern schnaken vel van Glück
Ick mein dat jüst as sei,
Würr mi ock seggt, scheun preistern sü´ck,
Dat kann ick nich as dei.

Dat hürt juch morgen am Altor,
Denn sünd ji Mann un Fru!
So läwt denn as'n Dübenpoor,
Un ümmer leif un tru!

Dat wier min Wunsch, worüm ick flee;
Doch sei'k All hem wat schenkt,
Dat in dei lange frohe Ee
An all dei Frün' ji denkt.

Dat glänzt un lacht as Sünn un Stiern,
Dat läwt un lacht so froh,
Un bün'ck man en lütt Burdiern,
Dat mücht ick ebenso!

Mit Blaumen hef'k mi man inricht,
Dat Scheunste bröcht ick her;
Sü, dese hier stünn em nich schlicht,
Un dat paßt recht för ehr.

    Un wenn dei Blaumensprak ji kennt,
Dor spräkt man ümmer froh:
Dat is dei Leiw ehr Element;
Dor spräk ick ebenso!
    Sü, dese heit: ick leiw di tru!
Un dei: ick hef min Deil!
Gott schütze juch! heit dese nu:
Un Gott wäs juge Heil.
    Wenn alls nu werrer still sin mag
Wäst uck in stillen froh!
Un kümmt bi mi uck mal so'n Dag,
Makt ji dat ebenso!

Ein slovakischer Mausefallenhändler

Mine Herr'n un Damens alle,
Köp Sei gaude Müsefalle,
Tobacksriemer, grot un klein,
Sall hüt alles wohlfiel sein.
Nix van Pöttken (Töpfchen) tau ümstricken
Nix van Schötteln (Schüsseln) uttauflicken? –
Gor nix, gor nix? Leiwer Gott,
Hett sick sine grote Not!
Is sick nu in ganzen Lande
Eene wohre Spott un Schande.
Vördem gaw sick wat tau löse,
Wo't noch Sitte is kewese,
Dat taum Pulterabend Pöttke,
Teigel, Schötteln, Kräuge, Näpke
Mutten an dei Döre pralle,
Dat dei Finsterladen knalle;
Da gaw't Scherwen grot un klin,
Möt ock vel getopstrickt sein.
Leiwes Brutpoor, gratuleer!

Kum Sei äwer nix dorför.
Nehme Sei för minen Graut Düssen Biegelisenfaut;
Will dorför kein Geld nix kriege,
Uewer sallen Pöttken fliege,
Wenn mal bei ehr Döchting man
Pulterabend fieern kann.
Spreecke denn mal wedder een
Flicke allens ganz alleen.

(Indem er sich entfernt:)

   Mine Herr'n un Damens alle,
Köp' Sei gaude Müsefalle,
Tobacksriemer grot un klin,
Sall hüt alles wohlfiel sein.

Ein norddeutscher Jude in seinem Jargon

(Bringt in einem Päckchen allerlei Geschenke, als Hemdchen, Jäckchen, Mützchen und dergleichen mehr)

Gott gerechter! Wot heff ick vör'n Malör,
Kumm ick fast taum Beslut hierher!
Statt dörch bei Därfer herümtauwandeln,
Hät' ick gekunnt hier schachern un handeln,
Hätt' ock dei Herren un dei scheunen Fruen
Künnen dörch mine Woren erbuen.
Ick bin nischt gekamen ut fremden Land,
Sall mer Gott! Dörtau heff ick t'vel Verstand,
Met mine slaue, pfiff'ge Fisage
Verbind' ick twar ferchterliche Courage,
Un körtlings (kürzlich) is mer's gearrewiert,
Dat ee ganz Regiment het geretteriert,
Een Regiment van dei Reiterei,
Wo't ut dei Fabrik is gekamen, ganz nai,
Doch äwer wullt't ick et nischt perbieren,
Dörch ann're Länner tau marschieren,

Ick heff mer gehalten in daitschen Land,
Wo ick met dei Minschhait bün bekannt.
Gott's Wunner, dei Scholem ut Wusterhusen
Is ee gauder Minsch, un makt kaine Flusen,
Hei handelt met allens, un van den Perfit
Lewt hei as redlicher Hannelsjüd'.
Ick bün dei irste van dei Husierer,
Un up dei Messe bün ick dei Anführer;
In Lepzig un Frankfort sünd usere Lait'
Mine Wechselche tau impfangen birait.
Un justement, dat ick't nischt vergete,
Kumm ick jetzt her von dei Lepziger Mette.
Hier heff' ick 'nen fainen Spitzenkragen,
Wo (wie) dei Kallen hem in dei Kerke tragen
Un Huwen (Hauben) un Däuker (Tücher) wunnerscham,
Faten Sei an, Sei weren't verstaihn!
(Zur Braut:)

  Gott gerechter! Wat vör rode Bäckche!
Da heff ick in minen gehainen Päckche
Een Uhrgehänge (Ohrgehänge) taum fainste Staat,
Met Stainchens vau Rubinen un Granat.
Doch wenn Sei met allens sin verseihen,
Wo't tau dei Hochtied pflegt tau gescheihen,
Et dauht mi lied, et is ee Malör,
Dat ick tau spät bün gekamen her.
Ach waih! Wenn Sei hebben Ketten un Ringe,
Wer'n doch noch fehlen annere Dinge
Sei wer'n nischt kopen, dat is wohr,
Bet Sei d'ran denken över't Jahr.
Doch heff ick van mi klaines Rebeckche
Noch nüdliche Saken in düsses Päckche,
Dei sallen Sei bekieken bet morgen früh
Un d'ran woll erkennen min grotes Genie.
Ick hope dormet ehre Kondschaft tau krigen,

Un't fall mer mächtig am Harten ock ligen,
Dat dei junge Herrschaft alle Johr'
Wat brukt van düsse nüdliche Wor!

(Er entfernt sich, nachdem er der Braut das Päckchen überreicht hat)

Ein Musikant mit einer Geige

Mozart de Tweit, dat is min Nam,
Hew'n grot Talent; un lach nich fos,
De Lanner un Strauß dat sünd man Brudles (Pfuscher),
Ick dorgegen bün Virtuos!
De Fidel späl ick tum Entzücken,
Un furttolopen (fortzulaufen) den Conterbaß;
Ick blas' de Fläut ganz ane Enden,
Schla Pauk un Trummel ondlich knass (fest);
De Bäcken is mi Näbensak,
Triangel, Harp man Späleri
Dat Hurn, Oboe un de Clarnett,
De blas ick all so näbenbi.

(lütt Paus':)

Bi minen Studien fünn ick all langen (schon lange)
Dat Instrumente as Minschen sünd;
Man möt sei beid hübsch richtig nämen,
Süss (sonst) obsternatschen (trotzig) wad de Fründ.
Uck hebben beid densülben Fäler,
Dat sei dat Ringste (Winzigste) all verstimmt,
Un wenn denn dei Geduld voräwer,
Kein von em so Resong annimmt.
Eemanns (die Ehemänner), de gliken woll den Bass,
De brummt un ümmer brummen deit.
Dei Fläut vertrett dat Bild von Fruen,
Schmöltend (schmelzend), so lang dat Piano geit.
De Ee, ick frag, wat is se wirer (weiter)?

Instrumental-Concert, hürbor!
Gift't dor nich Springen, Pipen, Kratzen?
Kifend Gellen stratenwid (straßenweit) sogar?
Sall ick, as Musekant wat wünschen,
So wes (sei) eer Läben en Duett,
So ein wo Lust un Wonn
Den Künstler glick bi wett.
Denn Harmonie dei möt de ierste Regel,
Bi de Musik, as bi'n Eestand sin,
Kein falsche Ton, kein falsche Sait,
Un reine Harmonie man in!
Vorpommerisch

De Seepenseeder (der Seifensieder)

(Vorpommerisch)

„Em is'n Seepenseeder upgahn," dat sall woll so väl heiten: „em is'n Licht upgahn," wil de Seepenseeder nich blot Seep kakt, wil hei uck Lichttrecker (Lichterzieher) is un Licht makt or gütt (gießt).

Tum Seepkaken hürt en Fett, Öl orer Talg, un en Alkali, Pottasch, Soda und Kalk. Wat dor grar to nanen wad, dor kümmt dat up an, ob datt witt orer gräun (grüne) Seep wad.

De gewönlich witt Seep orer Husseep besteit ut en Loogensolt (Laugensalz) un Talg orer süsstig (sonstigem) Fett. De Log' dortau möt so stark sin, dat'n Ei dorin schwemmt un noch'n Bäten (Bischen) rutstan möt. Son Log to maken, löst man twei Pund rein Pottasch, orer Holtasch, doch mier denn, in teigen Quart Water up, un set't to de Uplösung drei Pund to Pulwer stött frisch brennten Kalk tun, kakt und rürt dat press ün ne virtel Stund in'n isern Kätel un gütt dat dörch einen linnen Dauk (Tuch). Des Log' wad mit de gehürig

Meng Fett, dei sich äwest nich ümmer so prick (genau) bestimmen lett, kakt, to jerrer (jeder) Quart Log ungefier twei Pund Talg orer anner Fett. Het't twei Stunden kakt un swemmt kein Fett baben (oben), denn gütt man noch schwack Log' tau, so väl as ut'n Kätel verdunst un kakt so langn, dat dat Rutnämen Fäden bildt, un, wenn't kolt worden, nich mier an de Fingern anbackt, uck bet de Mass grot Blasen schmitt orer sick in Regenwater un Wingeist glik gaut uplöst, un wenn man Solt dorunner mengt un süt dat sick de Log' von de Sepp assonnert.

Is dei Seep, dei man präuwt kürnig un backt sei nich tosam; so falt dat an Fett.

Dat de gorkakt Seep nich en schmeerig weick Mass blift, möt dei äwerflüssig Log' un Fuchtigkeit dörch Soltwater assonnert waden; in Soltwater löst sich de Seep nich up; to väl Solt möt man äwest nich tauschmiten.

Denn lett man de Seepmass' noch ne halw Stund kaken, gütt sei dörch'n Dörchschlag in'n flack Schöttel (flache Schüssel) un dergliken un lett sei kolt waden. Den annern Dag schnitt man bei babenstand Seep in Stücken van belibig Grött (Größe), lett dei doran noch fittend Log' afdrüppeln, un legt de Stücken up'n Bän (Hausboden, Schwebebrett) orer in de Luft tum Drögen (Trocknen).

Dei trobläben (zurückgebliebene) Log' is noch tum Schuren deinlich; de Seepenfeederasch is en gaud Düngmiddel.

Dei Sepp lett fiel mit fleitend (fließendem) un Regenwater te Schum schlagen, anwest nich mit Soltwater; sei deint tum Jnseepen, tum Schmeeren von höltern Maschinen, Waschen un Reinigen, uck laten sick de

Fettplacken (Fettflecken) dormit wegbringen; awest „be Undugenden eer Placken glitzern noch na't Waschen von Log' un Seep." – un dei Seep es tum Reinigen; – wenn sei wollrückend, dat het's babeinin (obendrein), wenn süss (sonst) kein Tweck dorbi.

Dit's fö de Husfru en Stuck in be Wirtschaft, wortau (wozu) war'i weiten.

Die Mutter der Braut

Morgen wenn de Karkenglocken lüden,
Un dau steihst mit em vör'n Trualtor,
Hinner die de schäunen Kinnertiden,
Vör di frohe, ok woll swere Johr:
Denk, dat för ehr Kind dei Maurer (Mutter) bedt,
Dat en gaude Engel di umsweft (umschwebt),
Un die schützt vör jegliche Gefohr.

Keiner weit, wat ward dei Taukunft bringen,
Keiner weit, ob't gaud ward, orer slicht;
Lad di hüt van dine Maurer seggen,
Dine Läwensupgaw (Lebensaufgabe) is nich licht.
Büst du sanft und flitig, büst em tru,
Blifst dau immer fine gaude Fru,
Schaffst dau di un em vel frohe Dag.

Sanftmaud is dei Smuck för junge Frugens,
Wenn dei Mann ock sprekt een forsches Wurd,
Sprek dau sanft met em, un wes (sei) gedüllig,
Gaudes Wurd find't ok een gauden Urt,
Holl (halte) dei Wirtschaft rein un nett in'n Stann,
Flitig wes, as 't Mod is hier tau Lann,
As dau't seihn hest in din Öllernhus.

Bliw em tru, so lang din Hart deid slagen,
Ob dat Storm gift, over Sünnenschin,
Stah in truge Leiw em stets tau Siden,

Dat hei seggen kann: „Büst dau man min,
Hew dat Beste ick för't ganze Läwen!
Dau alleen kannst wahres Glück mi gäwen,
Kannst erhollen mi, bet an den Dod!"

  Un getrost lat ik di met em trecken (ziehen),
Leiwes Kind, min Segen tüht met di;
Liggen twischen uns irst vele Milen,
Is't ock met min besten Johr vörbi.
Min Gedanken sind bi di alleen,
Anner Glück un Schätz hew ick jo keen,
Un dat legg ick all in anner Hand! –

Händler mit Besen, Klammern und hölzernen Löffeln

Goden Abend. – Mit Verlöf to fragen, –
Denn hebben mie miene Uhren nich dragen,
So will de Mamsell uten Hus' hier frien,
Un morgen soll de Hochtiet schon sien.
Kann ick nu de Brut wohl nich sehn?
Ick mehn, dat küne mäglich geschehn,
Wenn se miene Saken besehg
Dat se Lust war to köpen kreg;
Ick bruck een paar Schilling Geld dörchut,
Drum gink ick een bäten up't Handeln ut. –
Denn da keene Kringel von Himmel regen,
Un de Distel keen Siegen drägen,
Eenen de Bratwurst in't Muhl nich flegen,
Möt man flietig de Knaken rögen,
Möt bie dissen schlichten Tieden,
Bessen binnen un Kniepen schnieden,
Kann von morgen bet abend Meuh sik geben,
Un hett doch kum da lewe Leben.
Dock möten upstuns alle Minschen sparen,

Un sik vör unnützen Utgaben wahren,
Darüm will dat oock oft nich gelingen,
De forigen Saken antobringen.
Doch wenn mie alle Teken nich brüden,
So stah ick allewiel vör sonnen Lüden,
De von mienen Saken wat bruken,
(sich an die Braut wendend)

Denn morgen sind Se een junges Frugen,
Dat möt denn all's hübsch vüllständig sien,
Süst gieft dat eenen klätrigen Schien. –
Dies Kniepen sind god, dat känen se glöben,
Keen eenzig von allen sall sik klöben. –
Disse Löpel se stellen Se oock wol to fräden,
Se sind jo so schier un so glatting schnäden,
Dat se gwiß eenen Jeden anstahn,
De man mit Löpeln meet ümtogahn.
Un vullends de Bessen da hät't keene Not,
Stief sind se un fast oock äbrig grot,
Un fegen all so scharp und reigen,
Dat sich dat Hart im Liew' det freugen.
(während die Sachen angepriesen werden, reicht er einige Stücke der Braut zur Prüfung)

Weten Se wat? Se dohn mie den Gefallen
Un helpen mie von dissen Saken allen,
Mit de Betahlung hät't keene Ihl,
Ick fett mie een bäten nerra derwiel.

Een Verköperin von Pöttergeschirr

(Mit einem Korbe voll Töpfergeschirr)

Mi was't, as hört ick Pött (Töpfe) dalfallen,
Un dann dei Schör (Scherben) so lud erschallen;
Ganz recht! ick war een junges Poor,
Dat Hymen morgen eint, gewohr.

Ick pleggte oft na *(Ortsname)* tau wanneln,
Uem mine Woren tau verhanneln,
Un up den Mark stell ick taum Kop (Kauf)
Bradpannen, Pött un Dägel tohop,
Terrinen, Napp un Schöttel, Teller,
Ick profidier so mennigen Heller,
Dat bring ick in dei Sporbüss an,
Man denkt doch uck an einen Mann.
So har ick, ick will't Ju vertellen,
Vel Pötterworen tau versellen (verkaufen),
Dor kam so mennig junge Poor,
Un handelte üm miene Wor!
Un ock een Herr kam antauströpen (herbeigestreift):
Hollt! – ick will all din Saken köpen.
Hei gaw sogliek taum Unnerpand (Unterpfand).
Mi een Doler up dei Hand.
Min Kind, bievohr gaut dine Sacken,
Sei sallen dusend Spaß mi maken;
Een Pulterobend kümmt heran,
Wo ick sei gaut noch bruken kann, –
Hei ging, ick set'te sei bi Sit,
Un täuwte (wartete) up em ja bet (bis) hüt;
Ick kiek hendal, ick kiek to'r Höh,
Dei Köper dei kamm nich torö (zurück).
Wut süll ick woll mit all dei Woren,
Ick künn von em ja nicks erfohren,
Dor sünn ick hen un her an Raum:
Wat mit't Geschirr un woll tau dauhn?
Tau mienen Trost, all (schon) hürt (hört) ick buten (draußen),
Dat sick des Leiwlichst (Lieblichste) van des Bruten,
Von Amors Zauwermacht besiegt
In't Eheglück sick sanften schmigt.
Dei möst dau dine Woren wigen,
Dei wullen sick ja morgen frigen,

Wil in dei nige Wirtschaft man
Dergliken ümmer bruken kann.
So freudig kann ick nu ock schinen,
Dau leiwe Brud mit frohen
Minen Bring ick taum Angebind hierbi
Dei Pannen, Pött un Dägel di.
Nu kannst dau säden, bräden, kacken,
Un Wochensuppen dor sülwst maken
Wo an dei Bost dei Jerstling raut (ruht),
Schmeckt di dorut een Süppken gaut.
Drünn nimm von mi de lütten Gaben,
Dau magst dorut den Gatten läben;
Denn nicks geföllt so siehr den Mann
As wenn dei Fru gaut kacken kann.
Dei Hüslichkeit ward immer läden,
Dei gist den Ehestand woren Fräden;
In bit Geschirr noch kacken mag
Up dinen Jubelhochtiedstag! –

Eine Bäurin mit Lebensmitteln in einer Trage

Bi N – s is Hochtied, so sären se mie,
Potz Hagel, da dacht ick, wirst Du dach dabi
Den Trödel to sehn, dat wär een Pläsir,
Makt mie up de Strümpe, un so bin ick hier.

   Ook spröken se von so mancherlei Dingen,
De se da dachten dat Brutpaar to bringen,
Stracks spitzt ick de Uhren un hürte nipp to,
Un mehnte dohn se dat, so makst du't oock so.

   Als ich se nu sehg so vehl lopen un schaffen,
Dunn künn ick mie kuhm doch verbieten dat Lachen,
Wut sall all de Krimms-Kram, so dacht ick bie mie,
Bi'm Himmel, ick bin doch vehl klöger as ji. –

Dat müßte dat Brutpaar doch schnurrig bedünken,
Gew man se so'n Spälwerk ahn Eten un Drinken,
Ne, davör hew ick se ganz anners bedacht,
Dat wilk ju bewiesen, kahmt her un gewt acht:
*(Sie setzt die Körbe nieder, und wie sie die Gegenstände nennt,
zeigt sie selbige vor)*

Da hew wie schon bottert ganz tierig hüt morgen,
Vör Mehl da brukte ick oock nich to sorgen,
Dat hew wie to Hus so rieklich un schön,
Dat't recht eene Lust ist mit antosehn.

Uns Möller de makt so herrliche Brütt,
As Perlen so fien, und as Schnee so witt,
Davon hew'ck weck in den Büdel hier makt,
Ji warent wol sehn, wenn Ji davon kakt.

Ap unsen Hof, da lopen ju Höhner!
So bunt hätt im ganzen Dorpe se keener,
Drüm hew ick oock Eier in Korf rin packt,
Damit Ji wat hewt wen Ji Pannkoken backt.

Dit Speck von uns Schwien, na ick willt nich laben
Do war is't was dat best up'n Kaben
Brächt ick wat to freten, so sprünkt wie wull,
Wiel immer dat ihrste an Trog sien wull.
(auf den anderen Korb deutend)

Mit dissen bin'ck oock nich lerrig ankahm,
Hew wat to de Wirtschaft hürt mit her nahm,
Hier sünd schöne Ziepboll'n gähl Wörteln un Brot,
Hewt Ji dat man immer so lied't Ji keen Not.

Uns Herr Gott schenke Ju sienen Segen,
Erholle Ju stets up rechten Wegen,
Un gewe dat Ji in Gesundheit vertehrt,
Wat ick Ju ut goden Harten bescheert.

Vatter un Maurer met Kind un Kegel

Dei Vatter (Vater).

Leiw un wiert Brutpoor! in Tucht (Zucht) un Jehren,
Stell ick mi mit Wiw und Jungs und Diern
Tau Hochtieds-Gepulter drist weg mi mit in,
Wo Hoch un Neddrig tausamen sall sin.
Mit grote Präsenters tau hochdüdsche Räden
Kämen wie frilich nich angeträden.
Bi Landlüd dor steit't zund eben nich fett,
Wat sick an fif Fingern all hertellen lett.
Doch wat wi will'n räden, sünd Hartensgedanken,
Un wat wi bringen, legg nich unner dei Banken;
Dei Körw un dei Tabels bet baben ran
Sünd vull, dat kein Aeppel tau Bodden kann.

Dei Maurer (Mutter).

Hartvatting (Herzensvater)! stöt mal eis (eins) dei Jungs un Diern
Rin in dei Ribben, Mores tau liern.
Potz hunnert dusend Schwenzelenz,
Heran met en Knix un Reverenz!

Dei Vatter.

Wat denkt Ji denn! Ji Dölpels un Lümmel?
Hier is keene Bierbänk tau Fusel un Kümmel!
Herrunner nu mit den Filz von Haut,
Schlagt ut nu von hinnen mit'n linken Faut.
Dei Dierens möten knix knixen dorto,
Dat is dei vörnäme Wis' mol so.

Dei Maurer.

Herr Jemine! ji loddrige Käten,
Heft Ji dat Knixen all werrer (wieder) vergäten?
Hartvatting! lat uns dei Krabben mal fix
Von Nigen (Neuem) vörmaken Kratzfaut und Knix.
(Geschüt un ward namakt)

Die Vatter.

Dat künn passiern. Doch was dat noch nich,
Just recht na'n gauden Danzmeisterstrich.
Dei Gören (Kinder) sünd noch wat blöd un vermuckt,
Dei Junge schlan sünst ut as kein Esel nich buckt (bakt).

Dei Maurer.

Nu bädt mal jugen Spruch drist her,
Un treckt (zieht) dorbi dei Schnuten nich quer.

(All vier krischen tauglik:)

Twei Düwken (Täubchen), schlowitt un zort, ierst gistern
Dat Beste dat dei leiwe Gott uns gaw, –
Was't ock mit eenen Kniks man schlicht, versta ick –
Twei Düwken, Botter, Stückschen, Brod vör –

Dei Maurer.

Dunner un Hagel, wat is dat vör'n Bölken (Bloken),
Alle tauglik salt Ji den Buck hier nich melken.
Eener na'n Annern. Ji ungebacherte Rangen!
Dei Lise sall tau ierst anfangen.

Lise.

Twei Düwekens, schlowitt un zort,
Jerst gistern hem sei sik man poort,
Bring ick vör't Brutpoor tau Geschenk,
As Pulterabend Angedenk.
So as dei Düffet röppt: Kumm Fru!
Röppt glik sin Düwken tru, tru, tru!
So kümmt's anflagen, un so schwinn (geschwind),
So möt dat ock in'n Ehstand sin.

Martin.

Dat Beste wat van leiwen Gott nu is
Dat Brod dat is dat woll gewiss!
Drümn bring ick Juch taum Hochtiedsschnitt,
Frischbacken Roggenbrod hier mit.
Ick hew dat Kurn seigt (gesät) und plägt (gepflügt),

Hew't meigt (gemäht) un döscht (gedroschen) un klor so fögt,
Un leine malt mi up tau Mäl,
Sünst grappst dei Möller alltauväl.
As ick – sülwst antauleggn dei Hand –
Dat is nich nod in jugen Stand,
Seiht Ji dei Lüd man up'n Kamm,
Dat förrert mit un höllt tausam.
Mit so een Spruch, in gauden Sinn,
Legg ick jitzt angedenklich rin,
Herr Brüdigam in sinen Schot (Schoß),
Von't nige Kurn dat frische Brod.

Katrin.

Was't ock mit Knixen bi mi schlicht,
Verstah ick doch dei Wirtschaft licht;
Will sein, wer mi wat mäkeln sall,
Is Räd' von Käk un Hof un Stall.
Up Huswirtschaft hew ick mi leggt,
Dat geiht mi van dei Hand so recht;
Drup kiekt mal dat Pund Botter an,
Un seggt: ob ick nich bottern kann?
Leggn's dit Stück sick man in dat Fatt (Faß),
Un knarrt mal eis dat Ehstands Rad:
Denn Jumfer Brud, schmeeren se dat Ding
Glik knurpst nich miehr dat Rad sin Ring.

Jochen.

Twei Düwken, Botter, Stückken Brod,
För't arme Volk helpt woll de Nod,
Ne, ne, Herr Brögam, Jumfer Brud,
Wat ick zund (jetzund), süt anners ut!
Pierknecht (Pferdeknecht) bün ick, Grotknecht dorbi,
Drüm steit't ock nich so so mit mi!
Un ganz wat Anners as Präsent
Bring ick ut min Stallregiment.
Paar Schimmels! Zackerlot nich mal,

So glatt is nich dei fettste Aal!
Schneewitt von'n Hauf (Huf) bet äwern Kopp.
Sei danzen man, geiht dat Galopp.
Na? Jumfer Brud, is't ehr woll recht,
Wenn ick ehr mine Schimmels bröcht?
Den schmucksten Wagen mit dorbi?
Man as Pomad so is dat mi.
Sei stigen rin mit ehren Mann,
Dei Schimmels, wupptig! trecken an.
Kiekt? röppt Jeerein (herein), un mi'st nich Leed –:
Dit steuersche Fuhrwerk, bis Karreet
Min Stalljung, Peter vör dei Dör,
Holt Kusch un Pier un all hervör,
Na, täuft (wartet) nu doch en bäten man,
Un in Galopp kümmt Peter an.
Geplinkt (Geblinzelt), genickt! hier, Peter hier!
Modell is't ierst tau Kutsch un Pier.
Läwendig hef ick's all bestellt,
Wenn Jumfer Brud hier up mi tellt (zählt)

Dei Maurer.

Dei Ehstand is just as'n Ei;
Ward doran pickt, quatsch is't entwei;
Dei Fru vör Allen möt verstahn:
Dat nich dar Ei intwei deiht gahn.
Geit ehren Mann mit leiwen Sinn
Dei Husfru gaud ün Bort un Kinn.
Un wier so'n Mann von'n Worwulfsstamm,
Sei krigt em rümmer as een Lamm.
Dat sall bedüden, wenn'ck Ju nu
As Ehstandsholtverständge Fru,
Uem dit un dat dorbi mag lingen,
Wi'ck'n Nest vull frische Eier bringen.

Dei Vatter.

Dei Fru is schwack, dei Mann is stark:

Un so mit Maud un Kraft in't Mark,
Beschützen in all ehre Nod
Sall hei det Fru bet an den Dod.
Dorbi van allen Gauden sall
Dei Fru Halfpart hem äwerall,
Half Part van Allen wat hei schafft
As Mann mit sine Stärk un Kraft.
Nu kiek hei mal, Herr Brögamsmann,
Sick minen drallen Hushahn an!
Dorvan künn'k Stückschen Ju vertellen,
Krasch (Kourage) haar hei ja, süllt mal wat gellen (gelten).
Störr mal en Hafk so up dat Haun,
Glik here hei't mit'n Hahn tau dann,
Mit Sporn un Schnabel up dat Fell,
Un farigt af den Deiwsgesell.
Un fünn min Hahn een Kräumken (Krümchen) Brod,
Glik tuckert (sieht) hei, as't Sitt und Mod,
Sick schwinn herbi dat leiwe Haun
Un will sin Häumken Gauds so dauhn.
Nu Jungs un Mäkens rappelt Ju fix (macht daß Ihr fortkommt).
Links üm! marsch af, mit Kratzfaut un Knix!

Eene olle Jumfer

Na Fröling (Fräuleinchen), will'n Sei würklich frigen?
So as dei Kopmann mi vertellt,
Ick dacht, Sei wullen sitten bliwen,
Sei dankten, wenn fick'n Friger mellt (meldete).

    Ick dacht mi glik, wist mit ehr spreken,
Dat junge Blaud, dat jammert di,
Dat is so'n lüttes leiwes Mäten,
Un ward nu inkakt, as so'n Slie (Schleihe).

    Na, Fröling, segg'n 'S mal, kenn Sei Harren? –
Een richtig Mannsminsch kenn' Sei nich

Süs wiren Sei doch nich son'n Narren,
Rungnierten sick afsichtiglich.

  Ach laten 'S sik van mi vermahnen,
Un trecken (ziehen) noch Ehr (Ihr) Wurd taurug:
Spitbauwen sünd dat all – Sei ahnen
Nich, wat so'n Kierl all farig (fertig) krigt.

  Ne, Gott dei Herr sall mi biwohren
För Ehstand, – Mannslüd alltausam?
Mi trecken 's nich, sülwst mit dei Horen.
Herin in so een Jammerkram.

  Biseihn 'S man eine bi Licht dei Männer,
Wat dat all för Kanalljen sünd,
Dei Frugens ierst, segg'n Menschenkenner,
Dei bring'n sei'n beting (ein Bischen) up dei Strump.

  Dat Best, wat Hus un Feld kann gewen,
Dat kümmt den Mann tau ganz allien,
Wur lett dat Volk sik ümmer plegen,
Un is dei Fru ock noch so fien.

  Dat best Stück Fleisch dat will'n sei eten,
Un spölen't (spülen es) ock mit Win noch dal,
Dei Fru krigt, wat sei äwrig leten,
Un bliwt niks, hett sei blots dei Schal

  Na, laten 'S sick taum Gauden raden
Den Reispaß schrüwen 'S em man ut,
So'n Mannsminsch kann dat gor nich schaden:
Wi reken (rechnen) em tau't giftig Krut!

  Nich wohr, Sei gahn in unse'n Orden,
Wi ollen Jumfern nehmen Sei up,
För'n düchtig Ständschen will ick sorgen,
Un bring'n Muskanten all up'n Schub.

Dei Böttcherer orer Fattbinder (Faßbinder)

(Bringt ein Fäßchen oder einen Eimer)

Böttcher, Böttcher, bumm, bumm, bumm!
Ümmer üm dat Fatt herum!
Ondlich (ordentlich) Triller, ondlich Tackt.
Wenn dei Band (Reis) uck bögt (biegt) un knackt;
Lustig möt dei Böttcher sin,
Brummpott hürt na'r Tunn (Tonne) henin.

Böttcher, Böttcher, bumm, bumm, bumm!
Nu kam nu noch ein un brumm.
Heiterkeit is't halwe Läwen,
Dusend Daler künn's mi gäwen,
Süll ick von minen frohen Maud,
Lat't man sin, et is all gaut.

Böttcher, Böttcher, bumm, bumm, bumm!
Rike Lüt dei sünd oft dumm,
Meinen Glück seet an bat Geld,
Ach, dor sünd all vel mit prellt;
Ick wünsch mi nich veles Gold,
Blot gesunnes Eikenholt (Eichenholz).

Böttcher, Böttcher, bumm, bumm, bumm!
Brunschwigsch Bier, dat heit ja Mumm (Mumme).
Bier is gaut, doch alles mit Mat,
Nich to vel, füss is't tau lat (spät)!
Ick drink ock min Seidel Bier,
Doch mit Mat, dat is dei Liehr (Lehre).

Böttcher, Böttcher, bumm, bumm, bumm!
Von dei Arbeid ward'n krumm;
Arbeid äwest Gott uns gaff, –
Knackt dor nich all werr (schon wieder) een Stoff?
Will arbeiden bet tau Ennen,
Gift mi Gott gesunne Hännen.

Böttcher, Böttcher, bumm, bumm, bumm,
Ümmer üm det Fatt herum!
Ondlich Triller, ondlich Tackt,
Wenn dei Band äk bögt un knackt;
Lustig möt dei Böttcher sin,
Brummpott hürt na'r Tunn henin.

Ick will Ju nu keinen Bägeldanz vördanzen un kein Wippken un Mierken (Flausen und lächerliche Geberden) Ju wirer vörmaken, äwest so vel wi'ck man seggen, holl't dat Fatt ümmer bet baben (oben) vull, denn ward't nich spack (faul, morsch) un nicht so licht verspaken.

Dei Korfmaker

(Ein Körbchen überreichend)

Nu seihn (sehen) wi't (wir es): dei Brud hat den Brögam keinen Korf (Korb) gäwen; dat was brav von ehr. Wenn dei Mäkens Körw utdeilen, darvon het dei Korfmaker, ock keinen Vurteel, un dei Mäkens dei'n Korf utdeilen möten, hebben dordörch Unbequämlichkeiten, wenn sei't ock nich grar ümmer tau berügen bruken; wat äwest doch ock all (schon) vorkamen is.

Ick äwereik dei Brud hiermit eenen Korf, nich dorüm, dar ick ehr een afschlägsch Antwurt gäwen wull, ne, dor- mit würr'k doch ma utlach werden; ick hef dormit een anner Afsicht verbunnen, glik wat in'n Korf rinnleggt un man sinen Gebruk andüden wullt.

Ick hef mi dat nu eenmol dit so gäben as't is, hef dat giern dahn, un birr (bitte) man, dat ock giern antaunämen.

Dei Handschemaker (Handschuhmacher)

(Bringt der Braut ein Paar Glacéhandschuhe)

Wohl seggt man: „Hanschenmann, halben Mann;" ock: „Hanschenkierl un Tüffelkierl, gahn twei up Eenen;" ock ward seggt: „faurert (füttert) man dat Bei mitt Hanschen, so hat dat kein Däg;" dat is nu so; äwest bi weck (einiger) Arbeid un bi Küll (Kälte) sünd dei Hanschen recht nörig (nötig). Weck Lüd' willen man mit Hanschen anfat't (angefaßt) sin. Dei Bang (Angst, Furcht) het un wat een Bangbücks (furchtsamer Mensch) is, dei löppt woll vör rugen (rauhen) Hanschen weg, un ritt ut as Schäplerrer, jüst as Glace-Hanschen, dei Eener antreckt, den sin Knäwel (Knöchel, Finger) dortau en bäten tau knuwwig sin.

Ick will hier Keinen den Hanschen henschmiten un em taum Strid herutförren. Ick will keinen Strid anfängen, ick law giern in Rau (Ruhe) un Frär (Frieden); bat war'j (werdet Ihr) mi äwest nich äweldüden: da'ck (daß ich) dit hier henlegg.

Dei Gälgeiter (der Gelbgießer)

(Tritt mit einem Schurzfell ein und überreicht der Braut ein Plätteisen)

Leiwes Brudpoor! mit Verlöf,
Dat ick hüt noch stür;
Fürte hüt mi hier ja in
Un ick hef die Jehr (Ehr):
   En mi vörtaustellen
Un sei wat tau vertellen.

   Jung fängt sick dat Läwen an,
Jung is dei Brud und dei Brudmann;
Un wi wieren All,

Rein eis as Metall.

Ahne Kummer, ohne Plag,
Lachten unser Läwensdag
So as en ja morgen,
Fri von allen Sorgen.

Doch eis warden'w olt un kolt,
Spärer (später) orer früer olt!
Kamen dann bi Ollen
Krünkel (Furchen), Schrumpel (Rupeln), Follen (Falten).

In dei Wäsch, ick hier nich mein,
Sünd ock in't Gesicht to sein.
Jehre mücht's wegsetten,
Un sei giern wegpletten.

Hef'kt (hab ich) Plettisen drüm nu bröcht,
Makt nu warm dei kollen
Un dortau nu dat ja döcht,
Leggt sich wat in Follen.

Ob von Öller (Alter) orer Nod,
Sorgen üm dat däglich Brod,
Allens deit dat pletten
Un manierlich glätten.

Het dei Mann enmal Verdrott (Verdruß),
Dörch'n Kuß dor glät't allbott
Giern dat Wif, dei Follen,
Sick süss länger hollen.

Un trefft Unmaud mal dat Wif,
Ward dei Mann taum Tidverdrif (Zeitvertreib)
Sine leiwen, netten
Fru dei Stiern ja pletten.

Magt Plettisen mit juch hollen,
Keine Krünkel, Schrumpel, Follen
Je bi juch sick stellen in,

Dat känt Ji versäkert sin.

Ja dit Jsen blank und fin,
Seggt: behallt'n fründlich Mien (Miene).
Denn ward Ji in späten Dagen
Kein Schur, kein Foll, kein Schrumpel dragen!

En oll Mann

Mit grote Angst un't Hart sin Schlan
Süht mi dat Brudpoor vör sick stahn:
Ut tweierlei will't mi nich in,
Dat ick hier war willkamen sin.

Doch as ick bün – so'n ollen Mann
Stahn Narrensputzen nich miehr an;
Wo kreeg een Bur bi Pier un Plaug (Pferd u. Pflug)
Uck dortau woll Verstand genaug?

I nu, kann ick nich häselieren,
So will ick dock wat gratelieren;
So'n Wunsch is ja ganz kostenfri,
Dei Teigte nich denkt wat dorbi.

Ick äwest, wat Ick wünsch Ju froh,
Dat mein ick ock von Innen so!
Gewiß min Hart is fürig glu,
Wenn ick jetzt sprekt Gott sägen (segen) Ju!

Dei Ehstand, seggt dei Ein so wis:
Is Vörschmack von dat Paradis;
Dei anner sprekt: ick schenk em di!
Dat is en Höllenqual för mi.

Ick hew den Ehstand ock in't Hus,
Un segg Ju nu, un dauh't nu Buß:
Wenn'w Himmel orer Höll glik seihn,
Glöwt mi, dat liggt an uns allein.

Säukt (sucht) buten nich, seiht binnen tau;

Hier binnen möt de Seelenrau,
Hier binnen möt dei Fräden wahn (wohnen),
Un Mann un Fru inöt sich verstahn.

  Möt man dat von dei Ehlüd seggen,
Da sei sick Alls glik scheif utleggen,
So jeden Quark upmutzen ball (bald) –
Denn is't ne Höll up Jerden (Erden) all.

  Een Wurt man noch, mag't ock erfreun,
As Morgenrod bei Ros scheun bläun.
An Blad un Stengel sitten drümm,
Doch hageldick dei Stacheln rüm.

  Un maken Ju dei Stacheln mal
Een bäten alltau dulle Qual,
Hier bring ick – Kinnerkens kikt her
Kaptale Druppen (Tropfen) Ju dorför.

(Treckt en Budel ut de Tasch)

  Süh! mine Fru hat doch mal recht,
Dei het't so klor vörut mi seggt:
Kriggst, Varer dau dei Druppen rut,
Dei Brut dei lacht di hilig ut.

  Sei tog un musselte dorbi
So heimlich an dei Tabel mi –
Vilicht prackzierte sei wat rin,
Wat bäter paßt na eeren Sinn.

  I ja! so lat ick't woll passieren,
Dat's ganz wat anners, so hef'kt giern!
Min Fru het sünst den Witz nich dick –
Doch hier mäkt sei een Meisterstück.

  Düss Kranz hier – steit dei Brud woll an
Un düsse – paßt ja den Brudmann.
Wat düsse Krüns bedüden, gellen (gelten),
Dat will ick kort vör Ogen stellen:

So as dei Myrten ümmergräun,
Sall Jumfer Brud ehr Glück ock bläun:
Dei Myrten, schmucklos, zort un mild,
Sünd dei still Dugenden ehr Bild.

Mit Kraft un Hochsinn angedahn –
So sall een Mann dörch't Läwen gahn.
In all't Unwärer möt hei rin,
Fast (fest) as'n Eickboom sall hei sin.

Dann ward dei Eh een Segenswark,
Wenn in den Mann dei Kraft so stark,
Un in dei Fru die Sanftmaud wahnt –
Denn is dei Glücksweg glatt ja bahnt.

Nu Gott mit Ju! mit: Sak hef ick
Vullbröcht, mi ducht nich ahn Geschick.
Gäwt mi den Abschiedshandschlag nu:
Noch eins spräk ick: Gott sägen (segen) Ju!

Krabben-Verkäufer

(Mit einem Korb voll Krabben)

Karabb? Karabb!
Vom Nordseestrand
Kam ick flink un gewandt,
So to Foot as ick bin
Mit fröhlichen Sinn.
Heff hier rare Waar
För datt leve Paar,
Heff mi selbst ut de See
Mit Gefahr und mit Möh,
Eh de Morgen noch gruht,
Se sischt för de Brut.

Sophie Detlefs

Sandverkäufer

(Mit beliebigem Geschenk)

Sand! witten Sand!
Und sünst noch allerhand!
Sand ist to velen Dingen good,
Und schad' ist't, dat dat ut de Mood
To streun'n em up de roden Steen,
Dat weer so fündlich antosehn.
  Sand! witten Sand!
  Und sünst noch allerhand!
Obgliek man mi noch nöhmt een Gör,
Doch kömmt mi't nachgeradens vör,
Als ob de schiere Sand allein
Nur selten kann von Nutzen sein.
Selbst de Kamels brukt mehr as Sand,
Reist se as Schipp von Land to Land.
  Sand! reinen Sand!
  Und sünft noch allerhand!
Lat bu'n Ji Ju een niees Hus,
Wiel Ju dat ohle tum Verdruß,
Und mu'rt de Murer Ju de Wand
Mit wider nicks as schieren Sand,
So nehmt Ju vör dat Hus in acht,
Et fallt Ju in so öwer Nacht!
Denn et gehört to solche Wand
Cement und Kalk und Allerhand.
  Sand! witten Sand!
  Und sünst noch allerhand!
Fein mengeliert man maken kann,
Gar Glas ut em und Porzellan;
So hett de Lehrer uns vertellt,
De weet, wie't togeiht in de Welt.
Ock in de Wüst dem Vagel Strauß
Brütt Sand und Sönn' de Küken aus!

Sand! witten Sand!
Und sünst noch allerhand!
Doch wöllt Ji schriewen eenen Breef,
Und steiht de Dintebuddel scheef;
Und geiht dat Ding as weer't behext,
Und war't nu hier und dor geklext:
Dann griept man schnell na reinen Sand,
Un nicht erst sünst na allerhand.
Sand! reinen Sand!
Nicht sünst na allerhand!
Je! schenk' de Brut min Allerhand,
Und hand'l hüt blot mit schieren Sand.
Und sleit de Handel good mi in,
Söllt Deel Ji hebben am Gewinn:
Ick köp Ju denn dat Allerbest'
For Juge sülwern Hochtiedsfest.
Veel Glück im Ehestand!
Bu't den blot nicht up Sand.
R. Brillow.

Jochen Päsel junior *(mit Wein und Torte)*

Mien Vadder heet Jochen Päsel,
Sien Herr nenn' em eenen Esel;
Bi gnäd'ge Fru von Diamant,
Wi't em da gung ist weltbekannt;
Doch Jochen Päsel's allerjüngster Sohn
Will, war he deiht, ook kunstgerichtlich dohn.
Mien Herr, de schickt mi, Ju to gratuleeren,
Und een Geschenk von em Ju to verehren.
Mien Vadder harr, wie gnäd'ge Fru vertellt,
Berekend Ju to ollereerst dat Geld.
Ick aber kam mit mienen Packen trabend,
Und wünsch' veel Glück to Jugen Polterabend.

Hier, Wien bring' ick vom Herrn, bedrinkt Ju froh,
Un eenen leeren Buddel noch darto.
För de twee vollen bringt den Dank mi dar, –
Doch mit denn drütten ging't mi sonnerbar:
Schampagner, säh de Herr, soll darin sien, –
Ick hart noch niemals drunken solchen Wien –
Nu woll ick ünnerwegs em geern mal schmecken,
Füng bi denn Proppen sachting an to trecken –
Op eennml aber geew dat so'n Geballer,
As wenn uns' Jäger mit sien Büssen knaller,
Un pielhell gung de Wien dar in de Höch!
Und weg weert meiste, eh' ick mi verseeg!
Denn letzten Rest, den drunk ick flinking ut!
Denn leeren Buddel bring ick nu de Brut.
Im Husstand kann man bruken solche Saaken,
Johannsbeernsaft und Bickbeern intomaken.
Ook bring' ick noch 'ne Torte von Bisquit,
Mit mien' Herrn sien besten Glückwünsch mit.
Mit eene lütte Tort von Marzipan
Ist binah, wie mit denn Schampagner gahn:
Ick woll ook geern mal Marzipan probeeren,
Und hernach det et mi denn dock scheneeren,
Ju eene angebrochne hertobringen,
Und so däh ick denn ganzen Rest verschlingen.
– Ick denk, Ji nehmt nicht übel alltohopen,
Ji hebt ja Geld und könnt Ju selbst wat koopen –
Mien leewe Vatting, de heet Jochen Päsel,
Wut dünkt Ju nu, bin ick ook sonen Esel?
R. Brillow

Johann, spann an *(Reitknecht mit Geschenk)*

„Johann, spann an!
„Dree Katten vöran,
„Dree Katers vörut,
„So geit't na de Brut!"
Dat hett mien Vadder as Kind al wäten,
Und Mudder hett dat oock nich vergäten;
Ick glöv, in Holsteen weet, jedermann:
„Johann, spann an!
Dree Katten vöran!
Ob dat mal ens wesen ist, glöv ick nich recht,
Denn wer de Johann oock een düchtigen Knecht:
Dree Katten vör'n Wagen! ick glöv nich dat't geit,
Dree Katers erst recht nick, schöllt sehn wie de kleit!
Hüt spann, tom Versök, ick mal an unsern Hanns,
Doch de woll partuh nich un schlög mit den Schwanz,
He beet mi, he pruß und woll gahn dörch de Latten –
Nu denke sick Eener vörn Wagen söß Katten!
Und hebt dat ook all unse Grotöllern sungen
Dat is wol bet dato noch keenen gelungen,
Dree Katten vöran,
Dree Katers vörut,
To föhr'n na de Brut.
Dat hett oock keen Not,
Ick schwenk mienen Hot,
Rop düchtig: Hura!
To Foot binn ick da!
Will gratuleren
Und dit *(das Geschenk überreichend)* Ju verehren.
Sied hiermit tofräden. – Ick schlüt mien Gedicht,
Dat Fohrwark mit Katten, dar gütig leider nicht!
E. B.

Schusterlehrling mit Kinderschuhen

Hurrjes! wat is dat hier en Leben!
Wat en Gepolter un Skandal.
Hier ward en grotes Fest wohl geben,
Dat, denk ick, kommt ok man eenmal.
Entschuldig'n Se, min ole Meister
Kreeg mi bi'n Krips un gröhl: „Johann!"
(He schöt vör Freud' binah kopheister,)
„Komm," säh he, „kämm' di, treck di an,
Un lop dann flink to'n Polterabend,
Du weest ja" – na, he meen hier disse Straat –
So kam ick hier denn antaudraben
In minen ganzen Schausterstaat. –
Nu seh ick denn, tau min Vergnögen,
In'n vollen Putz de smucke Brud.
De Brögam, ja, de kann sick högen,
He söch sick doch det Beste ut. –
De Meister hett, wenn anner slapen,
Diß Stäweln heemlich makt torecht
Em düch, dat kann sick doch mal drapen,
Dat sowat man in'n Eh'stand söcht. –
Bliew'n Se gesund! – Adjüs!

Torfhändler mit Geschenk

(Das Geschenk ist in einem Korbe zwischen Torfboden verborgen. Irgend ein kleines Figürchen, welches den Talisman vorstellen kann, muß dabei sein)

Torf! swatten Torf!
Veer Groschen kost't de Korf!
Ick hal em ut dat swatte Moor,
Wo Poog und Kiwitt singt im Chor.
Da ist ook so'n verhexten Platz,
Da fünn ick letzterdags een Schatz.

Doch frielich weer de Schatz nicht ganz,
En lütt Stück blok kreeg ich bi'n Schwanz.
Nu seggt min Ohl'n, so 'n lüttes Stück
Von solchen Schatz, dat bringt veel Glück.
– Se nennt dat eenen Talisman. –
Nu sünn ick rümm, wen schenks du't man?
Verschenkt mut't warn' sönst ward to Kohlen,
Wer't find't, der dörs et nich beholen.
Mit eenmal fohr mi't dörch den Sinn,
Du bringst em na dat Brutpaar hin.
Und Glück to wünschen und do bringen,
Ward mi op disse Wies' gelingen.
So nehmt denn dissen Talisman
För euren nieen Hushalt an.
Und wöllt Ji dankbar sien dafür,
So koopt de Feuerung stets bei mir.
Mien Torf ist gar nich los un natt
Un rökert Pott und Pann' nich swatt,
Torf! swatten Torf!
Veer Groschen kost't de Korf!
R. B.

Mit einer Kaffeekanne

Hier is'n lütt Kaffeekann,
De is mal nüdlich!
Brukt se as Fru und Mann
Immer appetitlich.

    Bäter as Putt und Pann,
As Glas und Kruken,
Is so'n lütt Kaffeekann
Immer to bruken.

    Achter dat Eten an
Mutt man mal drinken,

Dann mutt so'n lütt Kaffeekann
Glänzen und blinken.

   Nehmt se as Fru und Mann
Düchtig bi'n Wickel,
So'n oll lütt Kaffeekann
Kost't man dree Nickel!
Franz Bockel

Vierländerin mit Früchten

Ick bin lütt Marieken und kam von Nee'ngamm
Mit Früchten, ganz riep und aptietlich,
Ick pries' mine Saaken en jeden gern an,
Bün ook gar nich dühr und gew rieklich,
Ick heff gode Waar, gew kometrisch Gewicht,
Und mak darbi immer en fründlich Gesicht.

   De ganze Straat löp ick all Hus di Hus,
Pries Appeln de Lüd an und Beer'n,
Süh, da kömmt en Herr her und seggt: „Min lütt Mus,
Du büst en ganz leirige Deern!
Da is Polterabend, dar gah mal herop
Gröt fröhlich dat Brutpaar, doch hol di nich op!"

   So gröt ick Se denn ook recht fründlich und nett
Un wünsch' Se veel Glück und veel Segen;
Wie glücklich so'n Brut, de en Brödigam hett,
De ehr kömmt recht fründlich entgegen!
De Brögam gefallt mi, noch mehr fast de Brut,
Een Hoch för se beide bring' fröhlich ick ut!

   Een lüttje Erfrischung de warden Se hüt
Marie at Nee'ngamm nicht versmaden,
De Appeln sind riep, bestimmt för Brutlüd!
Sünd mör, heft keen Knaaken und Graden,
So schön söllt ook all' Ehre Früchte gedeih'n,
Damit Se sik beide könnt plegen und frei'n!

II. Ansprachen und Vorträge für Hochzeiten oder Hochzeitstafeln

Grüne Hochzeiten

Dei Taukünftig

Mütt doch een einzig Lewen sien,
Sülwanner (miteinander) tau hantieren,
All wat'n denkt, all wat'n deit (thut),
Man deit't noch eins so giern.

Ganz anner Minsch mütt in Ein'n fahr'n
Un kihr'n (kehren) Ein'n üm un üm,
Wenn wi wat freugt, wenn wie wat dräuwt,
So weit ick doch worüm.

Dei Paster seggt: Bedräg di gaud,
Uns' Herrgott kiekt di tau (sieht dir zu), –
Hei ward't mi woll nich äwel nehm'n,
Ick denk, sei (sie) kiekt mi tau.

Denn mak ick All's noch eins so gaud,
Un büm noch eins so fram (fromm),
Kiekt sei man tau, denn weit ick wiß,
Dat ick in'n Häben (Himmel) kam.

Hett all een bäter Murr un Däg (Gedeihen)
Mit so'ne säute (süße) Diern;
Mütt doch ein einzig Lewen sien,
Sülwanner tau hantiern.

O je! Ick bin so gottsvergnäugt
As'n Kind vöre Wihnachtsdör.
Herrje! wat sall dat'n Lewen war'n
Wenn'k blot irst wüßt – weckehr?

Dei Hochtid

Juchhei, Hochtid!
Hochtid is hüt!
Kiekt dei smuke Brut mal an
Un den drallen Brüjammsmann,
Wat sei sick so hurtig snütern (küssen),
Un mit Fuer-Ogen klütern (Schönes sagen)!
Snüdert, klütert frisch drup in,
Brutlüd mütten hitzig sin.

    Juchhei! Juchheidideldei!
    Juchhei!
    Juchhei Hochtid!
    Hochtid is hüt!

Hei! wat dei Trumpeten schall'n,
Und dei Pulverbüssen knall'n!
Alle Klocken treckt (zieht) dei Köster (Küster),
Ingesegnet hett' dei Preister
Hans un Greiten bi dei Tru (Trauung),
Hans un Greit sünd Mann un Fru.

    Juchhei! Juchheidideldei!
    Juchhei!
    Juchhei Hochtid!
    Hochtid is hüt!

Bier un Brannwien rund umher
Liggt in Tunnen up dei Er (Erde).
Wo dei Kräug (Krüge) man lerrig waren,
Brukt dat gar keen Mulufsparren;
Mit dem Deckel blott geklappt,
Frisch ward werrer (wieder) vull getappt (gezapft).

    Juchhei! Juchheidideldei!
    Juchhei!
    Juchhei Hochtid!
    Hochtid is hüt!

Wat sick nich verdelgen (vertilgen) lett,
Nehm wi vör des Gören (Kinder) met.
Ganze Fladen von dat Beste
Dröggt Fru Pastern sick tau Neste,
Viertein (vierzehn) Dag hat sei tau Hus
Dran genaug met Mann un Mus.
> Juchhei! Juchheidideldei!
> Juchhei!
> Juchhei Hochtid!
> Hochtid is hüt!

Mit dei Baß un Vigelin
Stell'n sick dei Muskanten in.
Platz gewakt! Nu will'n wi danzen,
Un dei Dierens rüm kurranzen,
Heissa, hoppsa, full dat gahn,
Dat dei Röck schier äwerschla'n.
> Juchhei! Juchheidideldei!
> Juchhei!
> Juchhei Hochtid!
> Hochtid is hüt!

Blix! dei Nacht is all herüm,
Upgahn deit dei leiwe Sünn (Sonne)!
Noch eins tüchtig sält ji stöten (stoßen),
Spällüd! in dei Larmtrumpeten,
Afgedanzt ward nu dei Kranz,
Spält uns den Großvarerdanz!
> Juchhei! Juchheidideldei!
> Juchhei!
> Juchhei Hochtid!
> Hochtid is hüt!

Nu packt juch tum Hus herut,
Denn tau Berr (Bett) mütt nu dei Brut,
Un des Brügamm (Bräutigam) drifft (treibt) un prachert (bittet inständig),

Dat dat Hart em man so jachert (hüpft).
Eenen Sluck gewt schwinn noch her
Up een lustig Kindelbeer (Kindertaufe).
   Juchhei! Juchheidideldei!
   Juchhei!

Dat leiwe Frien

Hür, dat is dat leiwe Frien,
Wenn sick twei tausamen flien,
Wenn sick twei tausamen flechten,
Wenn sick twei tausamen echten (ehelichen),
Wenn sick twei tausamen packen
Un den Kohl sülwanner hacken,
Wenn sick twei tausamen fögen,
Dat sei sick sülwanner rögen (rühren, regen),
Un den Bri sülwanner kacken (kochen),
Un ick weit nich, wat mihr (mehr) maken.
Is dat nich een ardig Lewen,
Da sick alle Lüd' in gewen,
Dann löpt Pastur und Köster,
Lütte Hans un Ehrnvester;
Geist- un Weltlich, Bös un Fram,
Löpt in düssen Stand tausam!
Alle Junker, alle Buren,
Alle Docters, alle Luren (Anwärter)
Alle Domherrn und Studenten,
Alle Dierens, alle Fenten
Singen, seggen, raupen (rufen), schrien,
Nicks nich is so säut as Frien.

Hochtiedsleed

(Nach der Trauung und vor Beginn der Tafel vorzutragen)

Lat de Kardetschen un Bumben knallen,
Pif – paf – puf! – viderallalalala.
Uns nie (neue) Ehpoor, dat soll nu leben!
Hoch lew ehr taukünftig, grotmächtig Hus!
All wat Nakamschaft ward geben,
Dorup drinkt wi uns Winglas ut – ut – ut – ut – ut!
Rein utgedrinkt! un nu schenkt man in den Win,
Wöllt hüt mal richtig kandidel sin!
    Juchheirasa! Juchheirasa!
    Kridewidewitsch, – is Hochtied ja!
    Juchheirasa! Juchheirasa!
    Kridewidewitschambum!

  Fix sollt uns Hochtiedsleeder klingen,
Pif – paf – puf! – viderallalalala.
Uns smucke Brut, – lütt Fru sall lewen!
Hoch, hoch dei Dag, des se dorto (dazu) hett makt!
In ehr Eh sallt Spaß blot gewen,
Dorup drinkt wi uns Winglas ut – ut – ut – ut – ut!
Rein utgedrinkt! un nu schenkt man in den Win,
Wöllt hüt mal richtig kandidel sin!
    Juchheirasa! Juchheirasa!
    Kridewidewitsch, is Hochtied ja!
    Juchheirasa, Juchheirasa!
    Kridewidewitschambum!

  Lat man noch mächtig Hoch's erklingen,
Pif – paf – puf! – viderallalalala.
Hoch sall uns Herr Brögam lewen!
Hoch, hoch sin Bantje, wat sin Geschäft,
Wolstand war em döch sin Strewen;
Dorup drinkt wi uns Winglas ut – ut – ut – ut – ut!
Rein utgedrinkt! – un nu schenkt man in den Win,
Wöllt hüt videl un lustig sin!

> Juchheirasa! Juchheirasa!
> Kridewidewitsch, is Hochtied ja!
> Juchheirasa! Juchheirasa!
> Kridewidewitschambum!

Nu lat uns noch'n Hoch utbringen,
Pif – paf – puf! – viderallalala.
All dei Hochtiedsgäst söllt lewen!
Hoch lew dat ganze Hochtiedshus!
Un wat wi wünschen erfüllt sick ewen,
Dorup drinkt wi uns Winglas ut – ut – ut – ut – ut!
Rein utgedrinkt! – un nu schenkt man in den Win,
Wöllt hüt videl un lustig sin!

> Juchheirasa! Juchheirasa!
> Kridewidewitsch, is Hochtied ja!
> Juchheirasa! Juchheirasa!
> Kridewidewitschambum!

Un nu taulezt sallt mächtig ballern (knallen)!
Pif – paf – puf! – viderallalala.
Hoch, hoch, dat Ehpoor! – Heil indregen,
Sall uns Singen ehr vörwohr!
Dat sü't finn't ock allerwegen,
Dorup drinkt wi uns Winglas ut – ut – ut – ut – ut!
Rein utgedrinkt! – un nu schenkt man in den Win,
Wöllt hüt videl un lustig sin!

> Juchheirasa! Juchheirasa!
> Kridewidewitsch, is Hochtied ja!
> Juchheirasa! Juchheirasa!
> Kridewidewitschambum!

Eine Schwester der Braut

(Einen Vergißmeinnicht-, Rosen- u. Myrtenkranz überreichend)

Een Kranz wull ick di bringen tau dinen Hochtiedsdag,
Un dörüm söcht dei Wisch (Wiese) ick un unsen Goren af,

Ick wüst nich, wecker (welche) Blaumen du woll taum leiwsten hest,
Un wecken Kranz den Vörtog dau gifst bi't Hochtidsfest.
Vergetmeinnich, del blagen, seig up dei Wisch ick stahn,
Ick dacht an unsen Afschied, in't Og kem mi der Thran,
Mi würd so schwer un trurig, du leiwe Swester Brut,
Dat all dei scheunen Dag nu, uns' Kinnerspel is ut.
Dörüm plückt ick des Rosen, sei sünd een fründlich Bild,
So rod un frisch as tau ok, as tau, so säut un mild,
Un düssen Kranz, den legg ick di in din brunes Hor,
Du leiwe, scheune Brut tau, met din blag Ogenpoor.

(Ihr den Kranz aufsetzend)

Un bi dei Rosen seig ick den gräunen Myrthenbom,
Een Kranz von fine Bläder, dat wir din Wunsch un Drom;
Dau denkst, hei is dat Einzigst, wat di beglücken kann,
Un mit de Hochtid, heit dat, fäng't rechte Glück irst an.
Mag't, as dau drömt hest, kamen, din Taukunft gollen (golden) sin;
Sin truges Hart, tin Leiw ok bestännig bi di sin,
Hest dau de beeden säker, denn is din Glück gewiß,
Un in din junges Lewen söllt nie en Schattenriß.

(Sie überreicht den Myrthenkranz)

Eine Freundin der Braut

(Gleichfalls einen Kranz überreichend)

Lat di dat Scheunste bringen, wat't up dei Ird man gift,
Un wat för alle Brutlüd dat einzigst Wünschen bliwt,
Wat Unglück in sik sluten (schließen), vel Glück ok bringen kann,
Dei Myrthenkron, dei mein ick, dau sühst ehr dat nich an.
Up sine gräunen Twigen föllt mennig Thran heraf,
Wenn'n Mann dat nich deid hollen, war hei dei Hand up gaw,

Un mennig Brut biweint ok, dat sei den Kranz hett wählt,
Dat sei nich wedder los kann, van dat, wat ehr so quält.
Dau hest nicks tau befürchten, din Glück fangt nu irst an,
Uns' Herrgott hett die gewen den allerbesten Mann.
Dau bruckst di nich tau ängsten, hei sorgt för't täglich Brod,
So lang hei di tau Siden, biwohrt hei di vör Noth.
Un wenn dei Bläder welk sünd, holl frisch und gräun din Leiw,
Un lat an düssen Schatz nie herangahn en Deiw (Dieb),
Dau möst em fast versluten, deip in din truges Hart,
Denn kann ick di versprecken, dat beid Ji glücklich ward.
Un alle Lüd bineiden na fifuntwintig Johr,
Dat still taufreden rike, noch ümmer smucke Por;
Denn bring ick di noch einmol den sülwern Hochtidskranz,
Un bidd Sei, leiw Herr Brögam, glik hüt üm'n irsten Danz.

Überreichung des Brautschleiers

Dau leiwe Brut, lat di den Sleuer bringen,
Dei mit den Kranz in't Hor di slungen ward,
Hei is so klor un witt, hett keenen Placken, (Flecken)
Een Speigelbild van din unschullig Hart.

   So as du steihst van witte Wulk ümgewen,
Dei ock bideckt din säutes Angesicht,
So steiht verhüllt din Taukunft vör din Ogen,
Wat sei die bringen ward, dat weist dau nich.

   In sine Wisheit hett dei Herr bislaten,
Dat nie een Minsch dörch düssen Sleuer kikt,
Un keine Minschenseel dei dörwt dat weiten,
Ob hei uns Krüz, ob hei uns Freuden schickt.

Wur angst un bang würd oft dat Hart woll kloppen,
Fel van dei Taukunft mal dei Sleuer dal (nieder),
Un wenn ock luter gollen Dag wi seigen,
Un an uns' Heben (Himmel) niks as Sünnenstrahl,

  Wi künnen doch so vele Freud nich drägen,
Dat Minschenhart möt liden Smerz un Pin;
Dörch Füer irst ward Isen hart und stählern,
Dei rechte Smäd (Schmied) kann luter Glück nich sin.

  Wünsch di dat nich, dat Allens uptaukloren,
Wat düster hüt vör dine Ogen liggt,
Bu (bau) man up Gottes Leiw, up truge Minschen,
Un wes taufreden, wat dei Himmel schickt.

Trinklied für eine Hochzeitstafel

(Geht nach der Melodie: Frisch auf noch getrunken den funkelnden Wein)

Frisch up! fix getrunken den fürigen Win!
Hüt wöllt wi fidel un kandidel mal sin!
Dat's Hochtied! – un Hochtied is ja nich alle Dag,
Un nu ist'n Hochtied, as hier van dit Slag!
Drüm Kinners gepichelt! – schenkt jümmer man in!
Wi hebt vör uns Brutlüd, heel vel noch in'n Sinn!

  Ja, wi drinkt den Win, – ja wie drinkt den Win
Mit dei allerbesten Wünsch vör se!
Dat'n Glücksmaschin, – dat'n Glücksmaschin
Mag se rinnerdampen in dei Eh!

  Schenkt vull nu dei Gläs all, wie stöt irst mal an,
Vör't Brutpoor, dat leiwe! fix mit alle Mann!
Wi Gäst sönd so bannig vergnäuglich all' hüt,
Un nu irst uns Brutlüd sönd rein ut de Tüt!
Was sitten se nüdlich dor bab'n an'n Disch,
Dei Brögam rein plitschig (schlau)! – dei Brut smuck un frisch?

Wi stöt drüm ock an, – wie stöt drüm ock an
Up ehr Wol mit Lust un Schick! – Hurrah!
All', wat klingen kann! – all wat klingen kann,
Vivat! Hochtied is: Viktoria!

Seht Kinners, so lang as dei Welt hett bestahn,
Hett jümmer dat Frien un dat Leiwstern ock gahn.
Wat wer irst oll Adam verdretlich un mucksch,
Wil in't Paradis blot son Vehwark rümrutsch!
He wull ock'n Leiwste as jedeen Veh,
Dei Langwiel fürchterlich plagen em de!

Och! wo finn ick een, och wo finn ick een!
Süfzt hei, – dei mi nett verdrift dei Tied,
Föhl sick so allen, – föhl sick so allen,
Un hei legt sick slagen up dei Siet!

Nich lang har hei drömt – un don zupp een wat sacht,
Hei mök awer Ogen, – as fründlich nu lacht,
Sin Eva so nüdlich! – rein schicklich un söt,
Just as hei's sick drömt har, von Kopp bet tau Föt!
Irst wüß hei rein gereich, woaus em geschehen,
Müt jümmer un jümmer dat Frunsbild ansehn!

Och! wat karresser, och? wat karresser!
Adam jümmer üm sin Eva nu,
Künn sick dwing'n nich mihr, kann siek dwing'n nich mihr,
Sei nüt warn noch sül' vigendags sin Fru!

Nu wör dei oll Adam irst richtig dat wies,
Wo prechtig sick't lewen let in't Paradis!
Gef acht in dei Flitterweken blets man up ehr!
Wat Herrgott em heten, bedacht hei nich mehr!
Un as nu lütt Eva'n Appel em bütt,
Waraftig dei Slüngel dei Helft von upitt!

Donn verkrupt sei sick, – donn verkrupt sei sick!
Achtern Busch vör Scham un Angst heel lies,
Mit'n Knüppel dick – mit'n Knüppel dick
Jagt se'n Engel rut dat Paradis!

Un nasten ehr Jung's so'n poor Striethamels wern!
Dei Abel un Kain frien üm een oll lütt Dern,
Forts slög nu vör Eifersucht Kain Abel dod!
Och Eifersucht, Eifersucht! dei deit nich god!
Nix scheuner, as dat Fru un Mann sick verstahn,
In hartlich Leiw sinnig dörcht Lewen nett gahn!

Ja, dei Leiw so söt, ja, dei Leiw so söt;
Dei beglückt, un segent allerwegt!
Düsse Leiw so söt, – düsse Leiw so söt,
Ock uns' Brutpoor an in't Hart sick hegt.

Jawoll, hier uns Brutpoor sitt dick in dei Leiw!
Wer fix al in'n Gang, – awer lang in dei Sweew!
Dast gef'n Gehüschel, Getüschel tauhop!
Een Hemlichdohn! – un'n Gesüfz, – un Geloop!
Dei Oll'n sän: – wat Düwel de Görn (Kinder) die wöllt frien?
So jung al – biwohrn! – Dat kann ja nich sin!

Och, wo geit dat nu, och wo geit dat nu
In dei Welt upstuns gefährlich her!
Sei ward Mann un Fru, sei ward Mann un Fru,
Un dei Ollen hör'n dei Gören nich mehr!

Sei seggt: Wat uns Herrgott in't Hart uns hett legt,
Dat is'n Geschenk – un waraftig nich slecht:
Een Paradis hett hei uns nu wedder gew'n,
Dei Leiw, ja dei Leiw makt dei Eer dortau ewen!
Un wat hier uns Brutlüd, dei hebt dat woll wust,
Gaht rin dor tausamen mit Leiw un mit Lust!

Ja, sei weet dat woll, ja, sei weet dat woll,
Dat ehr is so'n grotes Glück gewiß,
Ja, sei weet dat woll, ja sei weet dat woll,
Sei kammt richtig rin in't Paradis.

Hüt is hier ock dubbelt hill Dag in dei Kath (Haus).
Uns Brutpoor denkt: harn wi gegen Morg'n man irst faat!
Dei Tied ward uns lang, gat dei Gäst noch nich fort?

Geduld Ji Verleiwten! – Ji finnt al dei Port!
Dor wöllt wi Ju richtig begleiten mal r'an,
Mit Hoch's un mit Vivats! – lat stöten uns an!
   Ja, 'n Vivat Hoch! ja, 'n Vivat hoch!
Machtig baller't dörch 'n Hochtiedssaal!
Lewen süllt sei hoch! lewen süllt sei hoch!
Vivat hoch! vel hunnert dusendmal!

Drehorgellied (Dreihörgelleed)

(Kann deklamiert, oder auch nach einer passenden Melodie gesungen werden)

Kinners, Lüd, hebt Ji vernamen,
Wat sick hier begäwen hett?
Geit heran! – kammt alltausamen!
Dei Geschicht is richtig nett;
Ward Ju mechtig amüsieren,
Is'n Stück von Em un Ehr (ihr),
Dat sall Ju mal nett beliehren,
Woans in dei Welt geit her.

   Hett dei Minsch verleiwt sick gräsig (gräßlich),
In'n Mäken, wunnersöt (wundersüß),
Wern de Oll'n ock irst wat quäsig (schwierig),
Hei sick nich verblüffen leet.
Höl sick up mit Süfzen – Minnen,
Führt dat Stückchen richtig ut,
Hei sitt bald in't Hart ehr binnen,
Un sei ward sin söte Brut.

   Swor har't hol'n – dat krüsch lütt Meten
Löp dei Straten up un dahl,
Wull van Mannslüd nix nich weten
Mennigen Korf sick hal –
Na, denn nich! – sähn düsse patzig,
Sei brög (brachte) fix ehr up'n Draf (Trab) –

Jederdi! wat tröcken gnatzig (ärgerlich),
Schamvigelet (von Scham dunkelrot) dei Snäsel's
(Geschimpften) af.

  Wer waraftig ock keen Wunner,
Dat Se all so dull na ehr,
Sei is ja so'n ganz besunnen,
Sötes Minschenkind – kiekt her
Lüd, – ock will't ehr Brögam weten,
Dat sei ock in Hamburg hier
Is dat allersöt'ste Mäken,
Smuck un fin as Goldpapier.

  Ja, kümmt ock man ierst dei Rechte,
Langt dei lütten Diern's al to,
Un dei Leiw, dei wohre echte,
Makt dat Hart so warm un froh,
Och, ock hier dei lütje Bengel
Mit sin Flitzbag'n (Flitschbogen) luert hett,
Schöt (schoß) ehr mit sin Suckerstengel
Dep in't Hart, – wat dröp dei nett.

  Juch, wat föhrt Sei nu vör'n Läwen,
Weet Ji, – uns Herr Brödigam,
Drömt sick al (schon) in'n drütten Häwen (Himmel),
Un is richtig up'n Damm.
Jederdi, wat deiht hei funzeln (in Flammen stehen),
Jümmer üm sin Schuh rümher,
Pliert (blinzelt) un glupt (glotzt) mit fründlich Smunzeln
Högt (freut) von Dag tau Dag sitt mehr.

  Ock dei Brut, sei kann nich klagen,
Gaut, dat sei sick hett besun'n (besonnen),
Hier, mit düssen will se't wagen,
Hett in Leiw sick em verbun'n;
Na, allen deiht ock nich dögen –
Is dei Minsch vör sick apart,

Deit hei vör dei Tied verdrögen,
Rein verschrumpelt em dat Hart.

   Ne, wat Rackers! – Sei hebt weten,
Dat Sei kunn nich beter (besser) dohn, –
Na, verleiwt ock sünd Sein beten,
Un sei gift sick söten Lohn; –
Holt (haltet) Ju Leiw man warm in'n Läwen,
Sei allen, – dat is gewiß,
Föhrt Ju nu, mit all ehr'n Segen
Morgen rin in't Paradis.

   So, man jüh! – wir warn zugäwen
Dat Geleit bet an dei Port,
Aewest ock bet dorhen äwen,
Snorstrax schickt uns wedder fort;
Wi sönd doch berbi man öwer,
Ji hebt so Plessair genog,
Ropt Ju blot'n Hoch noch röwer,
Heil uns, Brutpoor! – Vivat hoch!

Glaube, Liebe und Hoffnung

Dieses, von Ihr. Gile verfaßte Gedicht, ist zu einem längeren Vortrage besonders geeignet. Es wird von drei jungen, passend (als Genien) kostümierten Damen deklamirt.

Dei Glow (der Glaube)
Erste Dame.

Glow is 'ne wisse Tauvesicht,
Wat man hofft un nich süht;
Dei em het, äwertügt (überzeugt) sick licht,
Em nich in Twiwel (Zweifel) tüt.

   Den rin vernüftgen Glowen holl
Denn het't ock keene Nod!
Deihst Dau dat man, denn deihst Dau woll,
Denn is Din Glow nich dod.

Di bring ick nu den Glowen,
Den echten, wi'ck Di wissen:
Den blinden un den doben (tauben),
Den sall mi keine prisen.

Nich Glowensdwang wi'ck (will ich) Di upleggen,
Un wierst noch globensfri;
Up Tru un Glowen, doch wi'ck seggen,
Drup holl un bliv dorbi!

Dat wat di kein kann rowen (rauben):
Up gaud Gewissen hol!
Un'n ungefarwten Glowen!
Deihst Du't, so deist Dau woll.

Din Glow, so steiht ja schräwen (geschrieben),
Da dei Di hulpen het;
Dat Gott, dei in'n Häwen (Himmel)
Di nümmer miehr verlett.

Nu drag Din Krütz mit Freuden
Als Glowensteiken fri;
Erlösen sall't, behäuden
Von allen Aewel (Uebel) Di.

Dei Leiw (die Liebe)
Zweite Dame.

Dei Leiw, dei lat man kamen,
Dei deiht ja Keinen wei;
Dei schlütt (schlägt) in einen Ramen
Stads einen, ümmer twei.

Sei mag nich lang'n sinnen,
Vereint sick so geschwinn;
Sei's, wo sei ock tau finnen:
Twei Seelen un een Sinn.

Hest Dau dei Leiw vernamen
Un wat sei is, verstahn? –

Leiw is Entgegenkamen
Un Mitenannegan.

Dei Leiw, dei is een Sträben,
Un wo sei ock för läwt,
Un as sei ock ward dräben,
Na den Verein sei sträwt.

Dei Leiw is Wollgefallen,
Denn wat man leiwt, gefőllt,
Un'n Vörtoch het't vör Allen
Dat leiwend Eine höllt.

Dei Leiw, dei is wollwillen,
So tru un gaut sei't meint,
Un schafft för sick in Stillen,
So dat sei Annern deint.

Di'st seggt – Dau kannst sülfwst präuben,
Wil dat för Jeden paßt: –
Gottswurthhollen (Gottsworthalten) un
Leiwauben (Liebüben)
Demäurig (demütig) wäsen sast.

Dei Haß, dei bringt Vertüren (Erzürnen),
Leiw deckt dei Sünden tau;
Söcht allen Strid tau stüren
Un bringt'n Strid tau Rau.

Kümmt ock den Äweltäter
Dei Aewerflott tau paß:
Kost-Krud mit Leiw is bäter,
Denn een mäst't Oss mit Haß.

Dei recht wäl weiten willen,
Upblasen's sick dormit;
Leiw ward sick nicks inbillen,
Sei bätert äwerdit.

Dei Leiw dei is so fründlich,
Sei iwert (eifert) nich een Mal;

Sei deiht ock nich wat sündlich
Un wisst sick nich perdal.

   Flücht Jugendlüst – mit Bäden –
Gerechtigkeit jag na!
Mit Glow und Leiw un Fräden
Dat Gaur entgegengah!

   Wer leiw nich het, nich Einen,
Dei kennt Gott nich – dat sei'w ... ,
Dat dei't nich gaud kann meinen:
Denn Gott is ja dei Leiw.

   So'w leiwen, as wi schüllig,
So bliwt Gott in uns nu,
Un sine Leiw is vüllig
In uns ahn Furcht un Schu (Scheu).

   Denn Gott hat uns nich gäwen
Den Geist, dei Furcht uns bringt;
Doch den, dei Kraft un Leiwen
Un Leiw un Tucht bedingt.

   Du sallst – lat di's verbreiden –
Dei Hauptsumm von Gebot:
Von reinen Harten leiwen,
Un dat bet in'n Dod.

   Glow, Hoffnung, Leiw, dei bliwen;
As't Gröttst mötj Leiw anseihn.
Jug' Ding all De'j bedriwen,
Lat't in dei Leiw gescheihn.

Dei Hapning (die Hoffnung).
Dritte Dame.

   Dei Hapning deiht dei Seel so woll,
Bi dei büst gaut tau Maur,
Un an dei Hapning fast man holl,
Dat kümt di ock tau Gaur.

Dau hoffst mag ümmer gaud di gahn,
Verständig äwer frag,
Un wat die mag entgegen stahn,
Willt woll, man nich verzag.

   So sühst dei Mäglichkeit woll in,
Hest Tauversicht dorbi ja denn;
Doch schleist Dau dei Di ut'n Sinn,
So is Din Hapning ock dorhen.

   Dat's Hapning dei tau Water würr,
Wil dei so idel was;
Up dei Art is's ne swere Bürr (Bürde)
Un Keinen kommt's tau pass.

   Liggt Een an Hapning dal,
Dat's wor, dat dei nich hofft;
Doch lickers (trotzdem) ward dei mennig Mal,
Denn unverhofft kümmt oft.

   So vel dat tau bedenken gift
Un kümmt ock licht affhanden;
Wenn man dei Hapning awrig blift
Un dei makt nich tau Schanden.

   Hest glücklich Dag, dei Di geföllt.
Holl än dei Hapning wiss;
As't Schipp, dat sick an'n Anker höllt,
So as't in'n Haben (Hafen) is.

   Ji stürt nu in den Haben rin,
Juch is nick's in'n Wäg;
Hef'i Hapning noch bi frohen Sinn,
Denn hef'j ock Glück un Däg (Gedeihen).

Een beten Godsien (Ein Bischen Gutsein)

(Pommersche Mundart von W. Wehergang)

So'n beten Godsien hürt dorto (gehört dazu),
Een beten Leiw to'n Leben;
Wenn dau för keenen Annern sorgst,
Wat sall di't eben?

Dei Vagel singt sin Jungen in;
Hei dregt so tru to Nest;
Dat Sorgen för'n Annern is
Un bliwt dat Allerbest.

Du sorgst Di woll von früh bet spat –
Wat schad't? – Du schaffst doch eben,
Dat Di een Annern god drüm ward,
Un dat alleen is Leben.

Dei Sünn, dei scheint; sei weckt dei Blüt
Un ript dei Frucht an'n Bom;
Ja, schint se nich, denn sleppt (schläft) dei Ird (Erde),
As in'n düstern Drom (Traum).

Dei Leiw is as een Vagelleed;
Un as een Sünnenstrahl
Weckt sei un ript, ahn dat dau't markst,
Di Leiw all äwer all.

So'n beten Godsien hürt dorto,
Een beten Leiw ton Läwen;
Hest man ein Seel von Harten leiw,
Denn is Di Allens gäwen!

Ein Bräutigam zu seiner Braut am Hochzeitstage

(Pommersche Mundart)

Wi seite (saßen) beed' unerm Linebom (Lindenbaum)
    Wettst (weißt) noch?

Dei Welt drömt' grad' ehrn Frühjahrsdrom –
    Wettst noch?
Die Blaume räke (rochen, dufteten), dei Lewark (Lerche) sung,
Dat hell un lustig vam Himmel klung:
    Tirililei,
    Wi lewe im Mai!
Du fol'test fram (fromm) Din Hänn in'n Schlipp (Schoß),
    Wettst noch?
Un hörtest dem Sang' tau still un nipp (genau),
    Wettst noch?
Ick kiek vull Andacht Di in't Gesicht,
Im Harte klung mi't ais'e Gedicht:
    Tirililei,
    Wi lewe im Mai!
Un lis' (leise) leb'ck Di üm dat Lif min Arm –
    Wettst noch?
Dar seigst Dau mi an so trüw (treu), so warm –
    Wettst noch?
Un ais (als) ick Di fraug: Büst dau mi gaud?
Dan schot in d' Wange Di rod dat Blaud.
    Tirililei,
    Wi lewte im Mai!
Un an min Schuler Di Kopp sick led' –
    Wettst noch?
Dar bögt' ick mi an Di Ohr un sed' –
    Wettst noch?
Fat (fasse) fast (fest) mi üm, Du min Hartleiw Duw (Taube),
Un segg, dat Dau wese (sein) wist min Fru.
    Tirililei,
    Wi lewe im Mai!
Dar hürt ick 'e Woord, dat klung so sait (süß) –
    Wettst noch?
Dar faihlt ick een Mund, dei was so heit –
    Wettst noch?

Dei Blaume räke, dei Lewark sung,
Dat't hell un lustig vam Himmel klung:
    Tirililei,
    Wi lewe im Mai!

Die Schwester der Braut beim Abschied

Lat mi man eenmal hüt noch mit Di spreken
Un seggen Di, wat mi dat Hart bidrückt!
Mit unsen Afschied hew ick aftaureken,
Hei ward so swer, je neger hei mi rückt!
Och, keenen Ogenblick kann'ck em vergeten,
Un hier deiht dat so weih, un sleiht un drückt,
So'n Afschied is ok gar tau swer tau drägen,
Un beter wir't (wäre es), hadd (hätte) ick still hüt swegen.

  Dau treckst met em, den Dau Di dedst erwählen,
Sühst vör Di liggen blots Din junges Glück!
Nicks, denkst Dau, is tau seihn, wat Di künn quälen,
Up luter schäune Dag föllt hüt Din Blick.
Ick denk taurügg, denk an uns lustig Spelen,
Wur wi uns deilt hebb'n Lust un Kinnerglück,
Un nu is Allens ut, nu geiht' an't Scheiden,
Ick heft dat Swerst tau drägen von uns Beiden.

  Doch wat hadd Swesterlein woll tau bidüden,
Wenn sei för di nich Sweres drägen künn,
Un wenn ock bitt're Thranen Di bitugen (bezeugen),
Dat ick untröstlich um uns' Trennung bün,
So will ick giern jo Allens för Di liden,
Un Allens gewen, wat ick hew un bün –
Wenn man Din Glück wohrt för dat ganze Lewen,
Un Engel di en gollen Taukunft wewen.

Ein ähnlicher Abschied

Leiw Swesting (Schwesterchen), ne, Du sast (sollst) nich frigen,
Un sast ock furt van uns nich gahn,
Du sast bi mi tau Hus jo bliwen,
Ick will hier nich alleen rümstahn.

  Büst Dau nich hier, wur sall dat warden,
Wer helpt mi bi dei Bäuker (Bücher) denn?
Sall in dei Klass' dei Letzt' ick warden,
Bring'n Vadding (Väterchen) slichte Tügnis hen? –

  Wer steiht mi bi, min leiwe Swester,
Wenn böse Jungs mi tageln af (abprügeln)? –
Wer söcht in'n Holt mi Vagelnester,
Un wenn ick fall, wer wischt mi af?

  Wo mennigmal hest für mi beden,
Wenn ick bi Mudding süll vör't Brett,
Un ümmer hest Dau stift denn Freden,
Wenn't düchtig Schacht (Schläge, Strafe) mi inbröcht hett.

  Un wist Dau denn dörchut nich bliwen,
Denn nimm mi mit, ja, wist (willst) Dau dat?
Dat Unklaukst (Albernste) in dei Welt is Frigen,
Un alle Brüjam hal (hole) dei Katt (Katze)! –

Ein Kind (kleines Mädchen) (am Hochzeitsmorgen) mit Blumen

Ick wull Dei schäune Blaumen
Tau Hochtid bringen her,
Wull'n Led ock dorbi singen;
Doch dat würd mi tau swer.

  Dor will ick man mit täuwen (warten)
Noch fifuntwintig Johr;
Bet dorhen bliwen 'S glücklich,
Wenn't snigt (schneit) ock in Ehr Hoor.

Ein Arbeitsmann

Aus Fritz Reuters Ergänzungsbänden

„Wo (wie) Jochen," seggt hüt Middag min Fru (Frau),
„Du treckst Di jo woll Stäweln an?"
„„Sall ick dat nich? — Salt dat nich sin?""
„Ih, ja," seggt sei, „ick mein ock man." –
„„Ja,"" segg ick, „„Fik (Sophie), dat is mi ganz egal,
Ick will uns' Kind mi ock beseihn."" –
„Sei laten Di nich rinne in den Saal,"
Seggt sei, „denn rinne kümmt dor Kein!" –
„„Ih, dat's mi denn ock ganz egal,""
Segg ick, „„denn kann'ck ja wedder gahn
Un kann ock an dat Finster stahn,
Seihn möt ick doch dat Kind noch mal
Un sallst mal seihn, sei laten mi herin,
Denn wat uns' Herr is, is nich so,
Un wenn ick manirlich bün
Un spuck nich in dei Stuw herin
Un wisch de Stäwel irst mit Stroh,
Denn hewwe sei dor ock gor nicks gegen,
Denn uns' Herr hürt nich tau dei Leegen (Schlechten).""

   Un, seih'n S', nu bün ick also hier
Un wull mi ock velmal bedanken,
Just eben nich för dat Plesier,
Denn dat is doch nah min Gedanken
Man blot een Spoß. – Min Sak is dei:
Uns' beiden Herren, hei un sei –
Ick mein dormit dei beiden Ollen –
Dei hewwn mi ümmer Arbeit gewen,
Dat ick min Kinner Brot künn hollen.
Un wat noch süs (sonst) hürt tau dat Lewen,
Dat ded (that) mi ock meindag' nich fehlen.
Un wenn uns' Herzog vör mi stünn
Un redt mi in't Gewissen rin

Un ded't mi up den Kopp befehlen:
Ick süllt em seggen, wöt (wie es) hir wir,
Denn stellt ick mi em steidel (aufgerichtet) für
Un säd tau em: „Herr Herzog" säd ick,
Hochwohlgeborn, erlauben S' gnädig,
Wer anners seegt, der thut entfamten leigen,
Wir thun das Uns' hier richtig kreigen.
Un was uns' Herr is, is uns Herr,
Un seggt up den wat jichtens (irgendwie) wer,
Denn seggen S' em man von minentwegen
Wat hei dor säd, dat wiren Lägen (Lügen).
Uns' Herr is in dat ganze Land
So as en Ihrenmann bekannt,
Un so hett hei sin Kinner fött (aufgefüttert, erzogen),
So hett hei s' liehrt un hett hei s' tagen,
Dat Jedwerein för unsre Plagen
Een warmes Hart in'n Bussen (Busen) hett."
Un denn säd woll dei Herzog: „„Gut!
Dit Allns mi hellschen (ungemein) freuen thut."" –
Mit freut dat ock, un dessentwegen
Heww ick mi drist un unverzagt
In dit Gewäuhl herinnerwagt.

(Zur Braut:)

  Un, leiwes Frölen, wenn dei Segen
Von einen truen Arbeitsmann,
Dei mit dei Hand sin Brot verdeint;
Dei up dei Welt wat nütten kann,
Denn nehmen S' em, hei 's ihrlich meint. –

  Sei trecken nu von uns hier furt
Un trecken na en frömden Urt,
Un all dei schäune Herrlichkeit,
Wenn't Minschenhart in't Blängen (Blüte) steiht,
Dei lacht von Ehren Angesicht
Un makt Sei Scheiden un Meiden licht.

Doch einmal kümmt 'ne anner Tid.
Denn ward dei Welt uns veel tau wid (weit),
Denn denkt wi giern an't stille Flag (Plätzchen),
Wo't Og' tauirst den Gottesdag,
Wo't in des Mutterogen seeg,
Wo Vadersog tru up uns leeg.

Un wenn dat Lewen geiht tau Neig',
Denn denkt wie an dei enge Weig (Wiege),
Dann flustert Saat un Blaum un Bom
In't Hart noch mal den Kinnerdrom,
Denn lacht dei Kinnertid noch mal
In'n letzten Abendsünnenstrahl.

Ick wull, dat dur (dauerte) noch lange Tid,
Bet dei Di in dei Ogen süht.
Doch kümmt hei mal mit stillen Gruß,
Denn denk: för Dines Vaders Hus,
För Di, sin Kind, in allen Dagen
Heww'n mal vel true Harten slagen.

Silberne Hochzeiten

Lied zu einer silbernen oder goldenen Hochzeit passend

(Nach der Melodie: Heil Dir im Siegerkranz)

Heil, Heil! dem sülwern *(gülden)* Paar!
Wat wi hebt sitten dar
In sülwern *(gülden)* Staat.
Hei as son Don Juan!

Süht keen sin Johr'n nich an,
Un irst uns sülwern *(gülden)* Brut,
Jung süht sei ut!

Hei wer mal son Lujon,
Jank dull na söten Lohn,
Hett d'rüm ock friet!
Ja, as son rechten Schelm
Wüß' em bald ock dei Helm
Stuur up'n Kopp so krus,
Wör Herr in't Hus!

Awer, sin Greten de
Geef em Kamellenthee,
Na, un dat hölp!
Tröd em ganz sachten ran
To'n goden Ehemann, –
Ja dat Verdenst kümmt to,
Meisttied dei Fro.

Greten dat sin verstünn,
Sei em'n üm'n Finger wünn,
Hei wör't mich wies!
Sei lett em bullern ut,
Söt's smeer's em üm dei Snut.
Richtig güng in dei Fall
Dei Herr Gemahl!

Ach, stümmt – man jümmer so
Bi all dei Ehstänn to
As bi dit Poor,
Kumm't wohl gar up dei Eer
Warn, as't vör Jahr'n mal wer,
As Adam Eva wies Sin Paradies!

Fiftuntwintig (föftig) Johr mök tohop
Uns sülwern *(gülden)* Paar den Loop
Dörg't Lewen dör!
Schoapten sick in dei Tied
Dat sei wän bald so wiet,
Paßlich vör'n anner heel
Nix nich an fehl.

Mennig Blompüdten se,
Up ehr'n Weg in dei Eh,
Harn mennig Freid!
Kinner, un Kind'skind
Sid hüt in Leiw verbinnt,
Holt all' 'n Barg von ehr Keenen hüt her.

Um tau bewiesen wo,
Seid sönd so hartlich froh,
Dat hüt son Fest!
Geeft dei leiw O'ln dei Ehr,
Bringt noch veel Gaudes her! –
Ock all dei Frünn un Gäste
Grat'lert up't beste!

Ja, wi grat'lert nich slecht,
Bringt dat tauhop woll trecht,
Wat ehr is gaud!
Dat is: dat dei beide Oln
Söllt sick fix stramm noch holn,
Dat's in *(Demantenstaat)* gülden Staat
Ok noch mal gaht!

Dunner noch Ens! dorbi
Mit Lief un Seel sünd wi,
Wat'n Utsicht!
Wöllt dorup schenken vull
Uns' Wingläs, dat dat full
Utkam ock richtig so
Glückup! man to!

Glückup! leiw Jubelpoor!
Dit Glas bringt wi Ju dor
Mit'n Hurra!
Allens soll sick erfüll'n
Prächtig! un ewig sülwern *(güld'n)*
Sall sin dat Glück Ju nah,
Vivat! Hurra!

Eine Schwester, Freundin oder Bekannte der Braut überreicht einen silbernen Kranz

Ick bring den Kranz, den Du hest dragen
Vör fifuntwintig Johr;
Dei Bläder sünd tworst (zwar) anners worden,
Sünd sülwern as Din Hoor.

Grad so verännert as Dei Bläder
Is Allens üm Di her;
Dei Bom, den donmals dau dedst planten,
Hett Frücht nu, grot un swer.

Ok wat dau wider dedst noch seigen,
Dat aust (erntest) dau nu all hier;
Dei sülwern Kranz is doch vel beter,
As eins dei gräue wir (war).

Un wist dau em man upbiwohren
Noch fifuntwintig Johr;
Denn liegt hei mit sin gollen Bläder
In Dein sneiwittes Hoor.

Zu einer Silbernen Hochzeit (To'n Sülwerhochtied)

(Eine Tochter überreicht ihren Eltern einen silbernen Kranz und Strauß)

Min leiwe Öllern! seiht, Ju Dochter bringt
Hüt all ehr Leiw, Ju, un ehr Dankbarkeit.
An düssen groten Dag vull Freid un Lust! –
Kunn ick mit Wöer man seggen, wat min Hart
Hüt föhlen deit vör't leiwe Sülwerpoor,
Wo dat in Ehrfurcht vör Ju Braven sleit!
Ja, gaude Vadder! – säute Moder, nehmt
Den Dank vör all'n's wat ick von Kindheit an
Von Ju so overricklich hef empfungen! –
O scheune Dag hüt, de Ju eenigt hett

Vör fifuntwintig Jahr in truwe Leiw
Un hochbeglückt hett! – mi is nu bescheert,
Een grotes Glück, dat ick Ju Beeden kann
Den Ehrensmuck, den sülwern, öwerbring'n.
Nimm, säute Moder, hier den Sülwerkranz,
Din Dochter bütt em Di mit kindlich Leiw,

(Indem sie ihn der Mutter aufsetzt)

Will kränzen Di mit em, he kümmt Di tau
Du leiwste Moder, tru un hatensgaud!

(Sie ansehend)

O, wunnerscheun! dei Kranz makt prechtig sick!
Just as'n Brut! – so jugendlich un frisch
Süht Moder ut, – dor kann leiw Vadder sick
Tau'n tweiten Mal verkieken noch am Enn!
Dat wer keen Wunner nich, so smuck un nett
As Moder is! – un ick – ick armes Ding
Fall heel bi weg! — rein in'n Hinnergrund!
Wat awer makt dat ut! – bün glücklich ja!
Von unsen Herrgott overriek bedacht
Mit Ju, min Oellern, deihei mi erhol'n mag.
Min brave Vadder! ock Dau nimm van mi
Den Ehrensmuck, den sülwern Strüschen hier,

(Steckt ihm denselben an)

Hei smück den Platz, dicht an Din gautes Hart,
Wat vör uns all un vör dei Minschheit sleit
So warm un tru! hüt wöllt wi't danken Di.
Du büst uns Schutz, uns Stolt un bestes Glück!
D'rümm sall min Wunsch, ja min Gebett blot sin:
Mug Herrgott Di un Moder uns biwohren
Lang, lange Johren noch! – un jeden Dag!
War klor un hell den Freidenfestdag liek,
As düsse hütt! – un dat wi noch erleeft
Twei anner Festen, wo Ju Dochter stolt

Dei gülden Kron, dei Diamanten ock
Ju bringen kann! – Dat Ji dat Glück gesund
Un froh mit und tausamen künnt begahn
As hüt dat wunnerscheune Sülwerfest!

Ein Tafellied zur silbernen Hochzeit

As Sülwerglocken hell un klor,
Stimmt an den Festgesang,
Tau Ihren von dat Jubelpoor
In'n Sülwersmuck so blank!
Wi wöllt dat wunnerscheune Fest
Ock fiern hüt up't allerbest!
    Drüm klingen sall dei Festgesang,
    As Sülwerglocken klor,
    Wi singt so recht ut Hartensgrund:
    Hoch! Hoch! dat Sülwerpoor!
Uns Sülwerpoor is van Natur
Rein öwerleidig gaud!
Hütt sitt sei hier so brall un stuur! (stattlich)
Mit bannig frischen Maut.
Vel Johr'n is her, donn frien sei sick,
Un noch heb's sick nich kregen dick!
    Drüm klingen sall dei Festgesang
    As Sülwerglocken klar,
    Wi singt so recht ut Hartensgrund:
    Hoch! Hoch! dat Sülwerpoor!
Wat hebb'n uns just dei Sülwerlüd
Een prechtig Bispill geb'n,
Un hebt sei sick ock mal mit brüt,
Geft nich glick Larm un Leb'n!
Dei Leiw, dei Leiw, wo dei man stickt,
Dor ward mit allens nett utlickt!
    Drüm klingen sall dei Festgesang,

> As Sülwerglocken klor,
> Wi singt so recht ut Hartensgrund:
> Hoch! Hoch! dat Sülwerpoor!

Uns Sülwerpoor verehrt wie hoch!
Ne, wie nich blot so beert!
Wi künnt sei laben nich genog,
Uns Leiw sünd's sicher wert!
Wi sprekt dat Loff nicht ut alleen,
All Lüd stimmt met uns öwereen.

> Drüm klingen sall dei Festgesang,
> As Sülwerglocken klor,
> Wi singt so recht ut Hartensgrund:
> Hoch! Hoch! dat Sülwerpoor!

Wie hebt waraftig all al lang
Tau't Sülwerfest uns freit!
Sodennig as dat hier dei Fall
Nich all Dag sick üm dreiht!
Drümm keemen wi ock gräsig gern,
Den Sülwerbraden mit verteern.

> Drüm klingen sall dei Festgesang,
> As Sülwerglocken klor,
> Wi singt so recht ut Hartensgrund:
> Hoch! Hoch! dat Sülwerpoor!

Hüt lohnt dat nich blot fien Gesmus,
Ock Win un Punsch dat gift!
Hoch leef dorüm dat Sülwerhus,
Dat allens sülwern blift!
Ehr Taukunft un ehr Glück dat schien (scheine),
Just klor, as in uns Glas dei Win!

> Drüm klingen sall dei Festgesang,
> As Sülwerglocken klor,
> Wi singt so recht ut Hartensgrund:
> Hoch! Hoch! dat Sülwerpoor!

Dei Win hier deit uns mahnen just,

Ock jümmerlos wi söllt;
Fix drinken up ehr Woll mit Lust,
Waraftig dat wi wöllt!
Wi nehmt uns Gläs all in dei Hänn
Un ropt Hoch! – Vivat Hoch! ahn Enn!
    Drüm klingen sall dei Festgesang,
    As Sülwerglocken klor,
    Wi singt so recht ut Hartensgrund:
    Hoch! Hoch! dat Sülwerpoor!

Ein Dienstmädchen auf einer Silberhochzeit

(Dasselbe sieht sich bei seinem Eintritt ins Zimmer erstaunt um und deklamiert dann rasch)

Na – a! – wo bün ick hingeraten?
Festlich riekt dat hier na Braden.
Fahnen, Kränz un hell'n Glanz!
Hier Madam in'n Sülverkranz!
Dat hef ick ja gar nich weten,
Wull vermeden mi as Meten (Mädchen),
Justament d'rüm keem ick her,
Dacht, dat vör mi apen wer
Hier 'n Platz, as Köksch (Köchin) in't Hus!
Ne, mi ward ganz leeg un krus!
Kinners! mutt ick an hier kamen,
Rein tau dull mutt ick mi schamen! –
Mi hett doch min Sniderin
Seggt, ehr Fründin, de Katrin,
Har 'n Brögam hier in'n Ort,
Den man glöwen künn up't Wort;
Kann hier na de Herrschaft gahn,
Wo 'n Denst sull apen stahn. –
Na, ick will Sei mal wat seggen:
Künnt dat später öwerleggen,

Geef genau dat nasten an,
Wat ick lesten (leisten) doh – un kann!
War'n na mi, ick weet dat so,
Griepen mit tein (zehn) Fingern to!
Seihn's, ick bün vör Schicklichkeiten:
Irst tau düsse Festlichkeiten
Glück tau wünschen, geit doch vör!
Gew'n Sei fründlich mi Gehör! –
Wull mit Schick un mit Manir
Wünschen Glück tau düsse Fier!
Ja, dat is man nich so licht,
Lehren deh ick keen Gedicht,
Nehm' Sei d'drüm dormit vörleew,
Wat ick so von Harten geef! –
Mug uns Herrgott dei biwohren
Nu noch lange, lange Johren
In Gesundheit, Freden, Ruh,
Un Sei noch vergnügt as nu
Frisch un munder vör uns stahn
Un dat gülden Fest begahn! –
So, nu laten's mi vertell'n,
Un recht utförlich vermell'n,
Wat ick bün un wat ick kann!
Nu, seihn's mi mal önlich (ordentlich) an,

(Sich herumdrehend)

Bün ick nich 'n fixe Dern?
Doch min Arbeit gaud un gern,
Jemine! – wat kann ick kaken (kochen)!
Bradens un Pasteten maken;
Torten, Puffers back ick so,
Dat noch mutt'n Saus dorto!
Un min Puddings, geel un fett,
Allens is sei scheun un nett!
Min Ragous un Coteletten

Künn' Sei gaud un giern vörsetten
Unsen Kaiser in Berlin
Narn's warn se beter sin! –
Ock min Klüten, – ne, son Klüt (Kloß),
Eten Sei noch nich bet hüt!
All min Supp'n söll'n sei weten,
Sünd so wunnerscheun to eten!
Rein dat Water löpt tausam
In dei Mund, doch'k mit ehr kam'! –
Seihn Sei woll, 't kann gor nich fehlen,
Warn as Kökschmamsel mi wählen! –
Ja, wat ick noch fragen wull,
Sünd die Vörratskamern vull? –
Ja, is am Konsumitäten
Jümmer Vörrat – warn sei weten –
Geit dat Kaken mal so god,
Herrschaft, Densten lied keen Not!
Sall dat doch man smecken fien,
Ja, wat sin mutt, – mutt doch sin! –
Dat wer dat! – nu man noch ewen?
Wo vel Lohn warn Sei mi gewen?
Denk, so'n Dahler tachentig,
Wer jo doch tau vel wohl nich!
Un tau Wiehnacht – na, ick denk,
Veertig, bi so'n nett Geschenk.
Kenn'n Sei man irst ganz min Wert,
Bün nich blot vör'n Füerherd!
Hef ock Bildung! – in uns' Tied
Kümmt ahn düsse man nich wiet!
Bi't Ertrecken hebt min Olen
Up dat Lehren düchtig holen (gehalten),
Lit'ratur, Geschicht, Physik,
Spraken, Geographie un Musik!
Ick – studer – muß fix heran!

Glöwen nich, wat all ick kann! –
Abend's mal tau deklameeren,
Warn Sei mi woll nich verwehren,
Un denn doh'k mit min Olen
So'n gemüdlich Schuppstunn holen,
An't Klavier ick sett mi hen,
Bliwe bi mich! ick sing, – ock kenn
Ick ja sünst noch allerlei,
Ein, zwei, drei, an dei Bank vörbei!
Ach! un noch dei Gnadenar'je,
Adeline! – Gott bewahre!
Mit Geföhl so hell un luut,
Krigt dei Patti sei nich rut!
Seihn Sei, bi son Raritäten,
Wart Sei't keeneswegs verdreten,
Künnt gaud as Gesellschaftsdam
Mi verwennen – un ick kam
Seker giern al derowegen,
Wiel ick bruck keen Mütz tau drögen;
Mützen litt min August nich,
Schell'n wör hei förchterlich!
Kann dei Dinger nich utstahn,
Mutt fien krus in Horen gahn! –
Dorbi fallt mi in noch ewen,
Dat ick gah, – Verlöf mi gewen –
All üm 'n annern Sündag ut,
Weten doch, ick bün ja Brut! –
August stennig kamen muß
An den Sündag hier in't Hus;
Itt mit uns nett Abendbrod,
Hebt tauhopen von em god!
Na, wat noch ick wull bespreken,
Wo (wie) is't? Sünnabs krigt ehr Meken
Doch 'ne deg'te Schüerfru?

Krig – ja fünften gor keen Ruh!
Een, dei deftig Arbeit kennt,
Nehmt wi, – bünn dat so gewent!
Ick poreer, in all'n Stücken
Ward uns dat tauhopen glücken,
Blift 'n doch bi Spaß un Freid,
Frisch un jung! – det Tieb de geit
Johr üm Johr löpt sachten hen,
Gülden Hochtied fiert wi denn!
Hüt na fifuntwintig Johren
Hebb'n Sei noch nix verloren!
Is dat möglich! – un doch wohr!
Kiek ick an dat Sülwerpoor,
Seiht so rein, so jung noch ut,
Just as wer'n se hüt irst trut!

Goldene Hochzeit

*(Die Enkel des goldenen Hochzeitspaares stellen sich,
nachdem sie in das Zimmer getreten sind, in einem
Halbkreis auf, um einen goldenen Kranz und einen
goldenen Strauß zu überreichen)*

Eine Enkelin tritt mit dem goldenen Kranz vor und deklamiert:

Grotmaurer, tau din gollen Hochtied
Bring ick den gollen Kranz Di her,
Let mi em glik in't Hoor Di leggen,
Sin gollen Bläder sünd nich schwer.

(Sie sezt ihn der Großmutter aufs Haupt)

So licht (leicht) as Dau beter (bisher) de Johren
För uns taum Segen dragen hest
Un ümmer Kinner un Din Enkel
Büst stets dei leiwste Tauflucht west.
So ward dat ock in Taukunft bliwen,

Dorför segg'n all Din Kinner gaud;
Denn truge Leiw hällt (hält) uns ümslungen,
Un treckt uns warm dörch Hart un Blaud.

Ein Enkel naht sich jetzt mit dem Strauß:

Grotmaurer, nimm den Blaumenstruß,
Den gollen, ut min Hand,
Un nimm Tauglik für all die Leiw
Din Enkel besten Dank.

Gott gäw, dat Dau noch mennig Johr
Bi all Din Kinner bliwst,
Un so as Dau bether dat dahn,
Din rike Leiw uns giwst.

Wi bidden, dat dei scheune Stamm
Uns bliwt noch lang erholl'n
Wenn ock all (schon) mennig Telgen (Zweige) sünd
In all dei Johr affoll'n.